Das Johann Wolfgang von
Goethe Kochbuch

Werner Bockholt · Herbert Frauenberger

Das Johann Wolfgang von Goethe Kochbuch

Ein literarisches Kochbuch

ᗛ SCHNELL Warendorf

„Nie Mangel des Gefühls und nie Gefühl des Mangels"

SCHNELL Buch & Druck
Warendorfer Lieblingsbücher

Impressum

Werner Bockholt · Herbert Frauenberger

Das Johann Wolfgang von Goethe-Kochbuch
Ein literarisches Kochbuch

© Verlag SCHNELL Peter Salmann
Oststraße 24, 48231 Warendorf
E-Mail schnell-verlag@t-online.de
www.verlag-schnell.de

Herstellung
Weserdruckerei Rolf Oesselmann GmbH
Schinnaer Landstraße 26a, 31592 Stolzenau

Warendorf, 1996
Sechste Auflage März 2010

ISBN 978-3-87716-866-0

Inhaltsverzeichnis

Ein Vorwort

Johann Wolfgang von Goethe (1749-1832) ist Deutschlands bekanntester und bedeutendster Dichter. Daß er in seinem Leben natürlich nicht nur gedichtet hat, sondern zwischendurch auch essen und trinken mußte, leuchtet angesichts des Umfangs seines Gesamtwerkes irgendwie ein. Man wird sogar vermuten können, und das mit Recht, daß solche geistigen Hochleistungen nur möglich waren, weil die Speisen und Getränke, die Goethe zu sich nahm, die notwendige körperliche Voraussetzung schufen, um ein solch produktives Leben zu führen.

Zahlreiche Hinweise in seinen Werken, Briefen, Aufzeichnungen, aber auch in den Beobachtungen seiner Zeitgenossen, machen es möglich, zumindest punktuell anzuführen, was Goethe wann, wo, mit wem aß und trank. Wenn Martin Luther sagte: „Kunst gehet nach Brod", dann trifft dieses in besonderem Maße für Johann Wolfgang von Goethe zu. Das Speisen und Trinken, alltäglicher Lebensbestandteil, bekommt gerade bei Goethe einen ganz besonderen Stellenwert, nicht als bloße Nahrungsaufnahme, sondern oft auch als ein Stück Tischkultur mit kommunikativer Bedeutung. Aus diesem Blickwinkel betrachtet verzahnen sich Goethes literarisches Schaffen und seine beruflichen Funktionen mit der Bedeutung von Essen und Trinken.

Im vorliegenden „Johann Wolfgang von Goethe-Kochbuch" soll auf der einen Seite die Beziehung von Goethe zu den Bereichen Essen und Trinken herausgearbeitet werden. Dabei wird besonders darauf geachtet, daß Goethe selbst und die Menschen seiner Zeit zu Wort kommen. Neben der eher kulturhistorischen Betrachtung des Eß- und Trinkverhaltens soll das Buch aber auch als praktisches Hausbuch für die Küche nutzbar sein. Gerichte, die in Goethes Leben eine Rolle spielten, die er besonders mochte oder auch verabscheute, wurden mit Hilfe neuer Rezepte aufbereitet, aus ihrem historischen Kontext gelöst und für die Gegenwart umgestaltet, damit sie einfach nachgekocht werden können.

Das vorliegende Buch ist eine Art biographische Skizze, die

schlaglichtartig unter dem kulinarischen Blickwinkel Einblicke in Goethes Alltagsleben ermöglicht. Ein stichwortartiger Lebenslauf am Ende des Buches dient der besseren biographischen Orientierung. Daneben kommt aber auch derjenige, der so kochen und speisen möchte wie Goethe selbst, auf seine Kosten. Zahlreiche Rezepte erlauben es, ein Menü à la Goethe selbst zusammenzustellen. Somit ist es zumindest möglich, sich das Gefühl zu erkochen, wie es gewesen sein könnte, bei Goethe in seinem gastlichen Haus am Frauenplan in Weimar zu speisen.

Neben dem Goethehaus am Frauenplan in Weimar befindet sich das „Gasthaus zum weißen Schwan". Inhaber dieses Gasthauses war jahrelang Herbert Frauenberger, der mit dem täglichen Blickkontakt zum benachbarten Goethehaus dafür Sorge trug, die Rezepte für dieses Kochbuch feinfühlig in die heutige Zeit zu übertragen.

Hierzu vermerkt Herbert Frauenberger:

Wirt eines Traditionshauses zu sein, verpflichtet immer zur Pflege von überlieferten Rezepturen und Gewohnheiten.

Wenn dieses Gasthaus aber dann noch mehr als 50 Jahre vom bekanntesten Dichter der deutschen Geschichte Johann Wolfgang von Goethe regelmäßig besucht wurde, weil es ganz einfach in der Nachbarschaft des Wohnhauses steht, dann sollte dies bei der Bewirtschaftung eines Restaurantbetriebes schon eine ganz besondere Rolle spielen.

So bemühte ich mich während meines sechsjährigen Wirkens im Gasthaus zum weißen Schwan zu Weimar um die Einbindung von Überlieferungen aus Goethes Haushalt, um Rezepturen und Speisefolgen, die der Dichterfürst ganz besonders mochte, Rohstoffe, mit denen das einstige Genie köstliche Spezialitäten zubereiten ließ.

Von großem Interesse waren für mich auch Eßgewohnheiten Goethes, Tafelstellungen und -ausstattungen bis hin zum Tischschmuck und Accessoires, die die gastronomische Tafel zum eindrucksvollen Erlebnis werden ließen. Mehrfach haben wir im Gasthaus am Weimarer Frauenplan mitunter recht opulente Speisefolgen nachempfungen und zubereitet, die stets Bewunderung bei unseren Gästen hervorriefen. Dabei beeindruckte uns vor allem die ungeheuere Vielfalt der Speisen und Getränke sowie Goethes ganz spezielle Neigung für südländisches Gemüse und Obst.

Vielleicht war es gerade dieser Umstand, der eine besondere Neugier bei mir auslöste. Hatten wir doch vor der politischen Wende sehr selten Gelegenheit, mit derlei Produkten zu arbeiten. Es sei wie es sei, die Arbeit im Gasthaus zum weißen Schwan war immer sehr stark mit dem Hause des berühmten Weimarers verbunden. Goethes Lieblingsgerichte und Küchenprodukte werden mich wohl zeitlebens begleiten, denn sie besitzen die von mir gesuchte Attraktivität und lassen gleichzeitig Spielraum für eigene Ideen und Experimente.

Auch bedingt durch das für die damalige Zeit sehr außergewöhnlich hohe Lebensalter von über achtzig Jahren sind wir uns gewiß, daß unser Buch den Umfang von Leibgerichten und Spezialitäten des Dichterfürsten nicht umfassend wiedergeben kann. Im Laufe der Jahrzehnte änderten sich auch naturgemäß die Gewohnheiten zum Teil beträchtlich.

Vielleicht gibt es deshalb bald ein zweites Goethe-Kochbuch, in dem all das in diesem Buch nicht Erwähnte und nicht weniger Interessante Platz finden wird.

Die im literarischen Teil *kursiv* gesetzten Gerichte erscheinen ausführlich mit Rezeptur und Zubereitungshinweisen jeweils auf den folgenden Seiten. Die Rezepturen sind für vier Portionen erstellt.

10

Konnte Goethe kochen?

Eine Einleitung

Gemeinhin ist Johann Wolfgang von Goethe als größter deutscher Dichter bekannt. Zentrale Werke der deutschen Literaturgeschichte wie Werther oder Faust, Iphigenie oder Egmont, Götz von Berlichingen oder Wilhelm Meister stammen von ihm. Aber Goethe war nicht nur schriftstellerisch tätig, sondern glänzte auch in zahlreichen anderen Arbeits- und Wirkungsbereichen. Er war promovierter Jurist und als Anwalt in Frankfurt tätig, arbeitete am Reichskammergericht in Wetzlar, als Geheimer Legionsrat und später Minister in Weimar. Er war Direktor des Wegebaus und Leiter der obersten Finanzbehörde. Daneben betrieb er naturwissenschaftliche Studien, entdeckte den Zwischenkieferknochen und schrieb eine Farbenlehre. Er war Direktor des Weimarer Hoftheaters, Direktor der Herzöglichen Bibliothek und und und ...

Warum, so wird man vermuten können, soll ein solcher Mann nicht auch ein begnadeter Koch gewesen sein? Doch diese Annahme wird man nicht bestätigt finden, denn wann sollte ein Mann wie Goethe angesichts solch umfangreicher Aktivitäten noch kochen oder backen? Daher gibt es auch nur wenige Anzeichen dafür, daß Goethe selbst kochte. In einem Brief an Charlotte von Stein (12. Juni 1777) wird aber zumindest deutlich, daß er nicht ganz unbegabt war, als er sich einen Backfisch zubereitete. „Heut früh war ich in Belvedere, und haben gefischt und auf der Stelle gebacken, ich und der Waldnern Charlott, ein trefflich Essen bereitet." Hier werden bereits zwei zentrale Fähigkeiten deutlich: einerseits seine Begabung, Fische zu fangen, andererseits die Fähigkeit, diese bereits an Ort und Stelle zuzubereiten. Da Goethe eine Vorliebe für Fisch, insbesondere Forellen, hatte, wundert es den staunenden Betrachter auch nicht, daß Goethe sich den Fischreichtum der Bäche und Flüsse im Thüringer Wald zu Nutze machte und gelegentlich spontan picknickartig sein Essen zubereitete. Neben den *Forellen* waren aber auch Goethes Eierkuchen berühmt-berüchtigt. Seinen

11

Sohn August etwa konnte er mächtig dadurch beeindrucken, wenn er diese Kuchen zubereitete. Carl von Stein, der Sohn von Charlotte von Stein, belegt Goethes Kochqualitäten, wenn er schreibt: „Goethe nahm meinen Bruder und mich mit in sein neu Gartenhaus, wo wir Eierkuchen buken, was er mir lehrte in der neuen Küche."

Diese zwei Gerichte reichen natürlich nicht für die Legitimation aus, ein eigenes Goethe-Kochbuch zu erstellen, auch die Tatsache, daß Goethe bei Tisch in seinem Haus am Frauenplan in Weimar das Fleisch gewöhnlich selbst tranchierte, den Salat eigenhändig bei Tisch zubereitete oder seinen zahlreichen Gästen liebevoll erklärte, wie man Artischocken ißt, kann keine Rückschlüsse auf Goethes Kochkünste zulassen.

Aber dennoch: Goethe hatte eine ganz intensive Beziehung zum Essen und Trinken, man möchte fast sagen, eine leitmotivische.

Bereits im Elternhaus in Frankfurt am Hirschgraben machte Goethe intensive Erfahrungen im Bereich der Tischkultur. Dabei spielte das Kochbuch der Großmutter eine wichtige Rolle. Aufgrund der sozialen Zugehörigkeit zum gehobenen Bürgertum der Stadt lag die Essenszubereitung nicht allein bei der Großmutter und Mutter, sondern auch und vor allem bei dem Personal.

So ist auch zu erklären, daß Goethe zwar später entscheidenden Einfluß auf Speisen und Getränke nahm, die Zubereitung jedoch dem Personal überließ. Darüber hinaus entwickelte Goethe in Weimar eine fast erotische Beziehung zu Essen und Trinken. Die intensive Beziehung zu Charlotte von Stein war besonders mit Speisen und Getränken verknüpft, womit wieder einmal deutlich wird, daß Liebe durch den Magen geht. Zahlreiche kulinarische Liebesgaben wie Spargel und Wild, Erdbeeren und Kuchen wurden von beiden Seiten hin- und hergeschickt.

Aber auch bei Goethes Verhältnis zu seiner späteren Frau Christiane spielte Essen und Trinken eine wichtige Rolle. Es ist dabei nicht nur als notwendige Nahrungsaufnahme zu verstehen, sondern auch immer eine intensive Liebesbezeugung, wenn Biskuitkuchen von Weimar nach Jena geschickt und Rehbraten von Jena nach Weimar transportiert wurde.

Goethes besondere Beziehung zu Nahrungsmitteln findet sich

auch darin wieder, daß er ein Gartenfreund war und sowohl am Weimarer Gartenhaus als auch unter seinem Haus am Frauenplan Nutzgärten unterhielt, die nicht nur seinen botanischen Experimenten dienten, sondern auch konkreten praktischen Nutzen hatten.

So konnte er Charlotte von Stein ganz frisch gestochenen Spargel zukommen lassen und sich gleichzeitig zum Abendessen bei ihr einladen. Oder frische Erdbeeren aus dem eigenen Garten! Damit konnte er bei Charlotte Eindruck machen nach dem Motto: Sag es mit Erdbeeren und Spargel!

Goethes besondere Fähigkeit lag darin, in einer Zeit für die Beschaffung von Lebensmitteln und Getränken zu sorgen, in der es erhebliche Probleme im Bereich der Logistik, Lagerung und Haltbarmachung gab. Auf der anderen Seite spiegelt sich in den Gerichten und Getränken Goethes Lebensstil und seine Eßkultur wider. Daß die Gerichte nicht von Goethe selbst zubereitet wurden, sondern von seiner Frau und den Köchinnen, erklärt sich aus den sozialen und ökonomischen Verhältnissen der Zeit. Auf der anderen Seite verfügte Goethe kaum über die notwendige Zeit, um selbst zu kochen. Denn es erscheint wichtiger, daß Goethe uns seinen Faust hinterlassen hat als beispielsweise ein Rezept, bestehend aus thüringischem Feldhasenfilet auf Teltower Rübchen.

Dennoch, der Aspekt des Essens und Trinkens zeigt uns Johann Wolfgang von Goethe von einer doch insgesamt recht unbekannten Seite, gibt Einblick in ein Stück Alltagsleben und macht die Lebensverhältnisse im Hause Goethe zur damaligen Zeit transparent.

Wenn es uns schon nicht vergönnt war, zum Essen bei Goethe eingeladen worden zu sein, so soll zumindest die Beschreibung des Lebens am Tisch, der Tisch- und Eßkultur dazu beitragen, Goethe von einer anderen Seite kennenzulernen und uns in die Verhältnisse des ausgehenden 18. und beginnenden 19. Jahrhunderts zu tauchen.

Auch ein berühmter Dichter brauchte vernünftige Speisen und Getränke

Essen und Trinken bei Goethe

Wer sich mit dem Aspekt des Essens und Trinkens bei Goethe beschäftigt, der wird zunächst vielleicht in seinen literarischen Werken suchen. Dabei wird er in den „Wahlverwandtschaften" beispielsweise eine Textstelle finden. Über Charlotte und Eduard, die Mittler empfingen, ist folgendes zu lesen:

„Bald fanden sich die dreie im Saale zusammen; das Essen ward aufgetragen, und Mittler erzählte von seinen heutigen Thaten und Vorhaben. (...) Der Nachtisch war aufgetragen, als Gast seine Wirte ernsthaft vermahnte, nicht weiter mit ihren Entdeckungen zurückzuhalten, weil er gleich nach dem Kaffee fort müsse."

Während Goethes literarischen Werke weniger ergiebig sind, so lassen sich aus seinen Reiseberichten, Briefen, Tagebuchaufzeichnungen zahlreiche Belege finden, in denen es um Essen und Trinken geht. Auffällig ist, daß nicht detailliert angeführt wird, was gegessen wurde, sondern meistens ist das Essen nur beiläufig bemerkt oder wird kritisiert, zumeist negativ. So etwa steht in einem Brief aus der Schweiz:

„Am Essen haben wir uns nicht sehr erholt und hoffen, daß der Schlaf besser schmecken soll."

In seinem Werk „Dichtung und Wahrheit" schreibt Goethe über seinen Aufenthalt am Gotthard:

„Wir werden von einer ältlichen, aber rüstigen Frauensperson an der Thüre freundlich empfangen. Sie entschuldigte den Herrn Pater, welcher nach Mailand gegangen sei, jedoch diesen Abend wieder erwartet werde; alsdann sorgte sie aber ohne viel Worte zu machen für Bequemlichkeit und Bedürfnis. Eine warme geräumige Stube nahm uns auf; Brot, Käse und trinkbarer Wein wurden aufgesetzt, auch ein hinreichendes Abendessen versprochen."

Zahlreiche Textstellen belegen, wie wichtig insbesondere auf Reisen das Essen für Goethe war.

„Gegen vier Uhr langten wir in unserem Wirtshaus an, und fanden ein Essen, wovon uns die Wirtin versicherte, daß es um Mittag gut gewesen sei, aber auch übergar trefflich schmeckte." (aus L 'Abbaye de Joux) „Hier war für uns beide gedeckt, und es fehlte nicht an einem sehr guten Mittagessen. Nach dem aufgetragenen Dessert trat der Abt herein, begleitet von seinen ältesten Mönchen (...)." (Italienische Reise, aus Palermo) „Wir sind hier in dem mittelsten Dorfe des Thales, Le Prieuré genannt, wohl logiert, in einem Hause, das eine Witwe, den vielen Freunden zu Ehren, vor einigen Jahren erbauen ließ. Wir sitzen am Kamin und lassen uns den Muskatellerwein aus dem Valleé d'Aost besser schmecken, als die Fastenspeisen, die uns aufgetischt werden." (Brief vom 4.11.1779 Chamouni)

Eine wahre Fundgrube im Hinblick auf Goethes Beziehung zu Essen und Trinken stellen Quellen und Briefe dar, die von Augenzeugen, Besuchern und Zeitgenossen stammen. So gibt das Tagebuch von Ludwig Geist Auskunft über das Essen im Schwarzen Löwen, den Goethe im September 1797 auf seiner dritten Schweizreise besuchte.

„Guten Fisch aus der Reuss, erst gebacken, dann mit einer sauren Sauce und dann gekocht mit Weinessig überschüttet, so daß man an diesen Tagen recht wohl das Fleischessen vermeiden kann; zum Nachtisch bringt man gewöhnlich eine gute Portion Backwerk, wozu ein gutes Glas Wein auch nicht übel schmeckt."

Von ganz besonderer Bedeutung sind allerdings die Briefwechsel, zum einen mit Charlotte von Stein und zum anderen mit seiner späteren Frau Christiane Vulpius. Diese zeigen ganz deutlich, daß Essen und Trinken bei Goethe sehr viel mehr war als pure Nahrungsaufnahme.

Goethe und seine Beziehung zu Getränken ist sicherlich ein Kapitel für sich; man kann jedoch feststellen, daß Bier nicht zu seinen Lieblingsgetränken zu rechnen ist. Bier trank er wenig und selten. Diese Abneigung liegt möglicherweise daran, daß er in seiner Leipziger Studienzeit schlechte Erfahrungen mit dem ansonsten gelobten Merseburger Bier gemacht hat.

So stellte Goethe 1768 in Leipzig fest:

„Durch eine unglückliche Diät verdarb ich mir die Kräfte der Verdauung; das schwere Merseburger Bier verdüsterte mein Gehirn, der Kaffee, besonders mit Milch nach Tisch genossen, gab mir eine ganz triste Stimmung ...."

In sein Tagebuch notierte Goethe am 13.1.1779: „Daß ich nur die Hälfte Wein trinke, ist mir sehr nützlich. Seit ich den Kaffee gelassen die heilsamste Diät."

Auch dem Getränk Tee war Goethe nicht unbedingt zugeneigt. Der Tee war für ihn, wenn man so will, ein feminines Getränk. „Und doch, was sollten die Frauen ohne ihn anfangen? Das Teemachen ist eine Art Funktion, eine eingebildete Tätigkeit. Besonders in England. Da sitzen sie behaglich umher und sind weiß, und sind schön, und sind lang, und da müssen wir sie schon sitzen lassen."

Goethe ist auf der anderen Seite bekannt für seine Vorliebe für Wein. Diese hängt mit der räumlichen Herkunft zusammen. Das Rhein-Main-Gebiet ist eben eine traditionelle deutsche Weinlandschaft. Aber auch soziale Gründe müssen angeführt werden, denn in der Familie Goethe in Frankfurt spielte Wein als Getränk eine wichtige Rolle.

Die besondere Beziehung zum Wein findet auch darin ihren Ausdruck, daß bei der Bekanntschaft mit seiner Jugendliebe Kätchen Schönkopf der Wein keine unerhebliche Rolle spielte. Kätchens Eltern besaßen eine Gastwirtschaft und Weinhandlung in Leipzig; und, wenn man so sagen will, lernten sich Goethe und Kätchen beim Wein kennen.

Auch bei Goethes Ankunft in Weimar spielte der Alkohol und hier insbesondere der Wein eine wichtige Rolle. Erinnert sei nur an die Art „Preistrinken" mit dem Herzog Karl August, die Klopstock zu der Bemerkung veranlaßte:

„Der Herzog wird, wenn er sich ferner bis zum krank werden betrinkt, anstatt, wie er sagt, seinen Körper dadurch zu stärken, erliegen und nicht lange leben."

Goethe selbst war auch zu dem Zeitpunkt des Weines über.

„Wenn ich den Wein abschaffen könnte, wäre ich glücklich."

Der Tageskonsum von Goethe an Wein betrug in der Regel eine Flasche. Interessant ist dabei, daß er beim Mittagessen vor sich seine eigene Weinflasche stehen hatte. An dieser durfte sich keiner der Gäste vergreifen.

Eine Vorliebe hatte Goethe für den Frankenwein. In einem Brief an Christiane schrieb er: „Kein anderer Wein will mir schmecken, und ich bin verdrießlich, wenn mir mein Lieblingsgetränk abgeht." Aber auch Weißweine von Rhein und Mosel, Rotweine aus Burgund und Bordeaux wußte Goethe zu schätzen. Auch ein Gläschen Champagner lehnte er nicht ab. Zum Frühstück liebte Goethe ein Glas Madeira, zum Mittagessen gab es die erwähnte Flasche Weißwein, und als Abschluß des Essens genehmigte Goethe sich gern ein Glas Dessertwein.

Bereits in Goethes Elternhaus am Hirschgraben in Frankfurt war der Weinkeller ein wichtiger Bestandteil des Hauses. 1794, als Goethe in Weimar wohnte, lagerten im Elternhaus noch 5 Weinfässer mit je 12 Hektoliter Inhalt, dabei beinhalteten je 2 Fässer Wein aus den Jahren 1706 und 1726. Ein Faß enthielt Wein aus dem Jahr 1719.

Zahlreiche Weinhändler sorgten dafür, daß Goethe zumeist mit Wein gut ausgestattet war. Bremer und Hamburger Weinhändler lieferten französischen Rotwein, ungarische, spanische und portugiesische Dessertweine; die Würzburger Hofkellerei lieferte Weine vom Rhein, von der Mosel und natürlich vom Main, aber auch aus dem Elsaß. Wichtige Weinhändler waren auch die Gebrüder Ramann in Erfurt und die Firmen Schwabe in Frankfurt sowie Keller in Schweinfurt.

„Die Bestellungen waren beträchtlich. 1806 lieferte u.a. Ramann monatlich etwa 60 l; 1816 allein 900 l Escherndorfer; zugleich kamen von Keller noch vierteljährlich etwa 60 l an deutschen Rot- und Weißweinen, Lieferungen, die sich 1821 fast verdreifachten. - Nach Auskunft der Kontobücher scheint Goethe ein säumiger Zahler gewesen zu sein. Um 1800 hatte er bei Ramann 1433 Taler Weinschulden, wobei die Firma der Exzellenz mitteilen ließ, , ... daß es mit der Zahlung nicht gleich sein müsse ...'. Gelegentlich finden sich Abbuchungen wie ,30 Dukaten Honorarium für das Manuskript Mahomet, von Herrn Iffland zu Berlin, am 17.11.1800 für den Herrn Geheimen Rat erhalten' oder ,30 Dukaten Honorarium für Tancred unterm 22. Jänner 1802 von Berlin erhalten'. - Briefe mit Weinbestellungen, die an Ramann gingen, pflegte Goethe mit liebenswürdigen Floskeln wie ,freundlich das Beste wünschend' oder ,alles Schöne wünschend' oder ,der ich recht wohl zu leben wünsche'

zu beschließen." (Mit Goethe durch das Jahr, 1980, S.87)
Kaum etwas war für Goethe schlimmer, als auf einen gut
ausgestatteten Weinkeller verzichten zu müssen. Als er 1828 auf
den Dornburger Schlössern weilte, sich dort aber kein gefüllter
Weinkeller befand, ließ Goethe sich eine Lösung einfallen. Am
10.Juli 1828 schrieb Goethe von Dornburg in einem Brief nach
Jena an seinen damaligen Diener Paul Goetze:

„Da in dem übrigens ganz anmutigen Schlößchen kein wohl-
versorgter Keller vorhanden ist, ich auch keinen in der Nähe weiß
als den deinigen, so ersuche ich dich, mich während meines
hiesigen Aufenthalts mit Wein zu versorgen und mir vorerst
durch Überbringer sechs Flaschen zu übersenden, auch von Zeit
zu Zeit damit fortzufahren. Ich wünsche einen leichten reinen
Würzburger und werde solchen nach abgeschlossener Wallfahrt
auf irgendeine Weise dankbar ersetzen. Willst du eine Flasche
echten Steinwein hinzufügen, so soll auch der willkommen sein.
Machst du einmal einen Ritt herüber und wirst dich mit einem
Glase Wein und einer Semmel begnügen, so bist du willkommen."

Weinbestellungen sind bei Goethe sehr oft vorzufinden. Entweder war seine Frau Christiane dafür zuständig, oder aber sein
Personal. So schrieb Goethes Kammerdiener Carl Stadelmann
1817 aus Jena einen Brief an Goethes Sekretär Friedrich
Kräuter mit folgendem Wortlaut:

„Werthester Herr Bibliotheks Secretair,
Sie werden durch den Fuhrmann Thierolf die Kiste mit 9 Boutel-
lien erhalten haben nebst den Stöpseln bitte ich ergebenst mir
sobald als möglichst gefüllt zu senden da mein Vorrath nur noch
$3^1/2$ Boutellie besteht und ich jetzt mehr brauche da immer
kleine Frühstückchen stattfinden heute ist der Herr Badein-
spector von Berka hier angekommen und ich weiß nicht wann er
wieder abgeht. Sollte sich etwas gutes und passendes für Sr.
Excellenz zum Frühstück in Weimar finden so bitte ich es mir zu
schicken. Neptun hat uns zwar reichlich versehen aber es
scheint als ob ihn lange nicht mehr gehuldigt werden könnte.
Flora steigt täglich schöner auf und befriedigt zwey Sinne kann
mir aber nicht genügen Diana hat sich von unseren Fluren
entfernt und läßt uns schmachten so weiß ich manchen lieben
Tag nicht was ich geben soll um Fröhlichkeit zu bereiten. Zum
Glück ging hier eine Cataun Fabrik ein wo uns der ehemalige

Besitzer jetzt mit vortrefflichen Servelatwürsten erquickt aber
wie lange weiß ich nicht doch flicke ich mich immer von Tag zu
Tag hin." (11.4.1817)
Auch zahlreiche Briefe von Goethe an Christiane belegen, daß
der Vorrat an Wein ziemlich schnell aufgetrunken wurde.

„Herr Raabe fährt nach Weimar, und es wäre mir angenehm,
durch den rück kehrenden Kutscher einige Flaschen Wein zu
erhalten, weil wir alles das Überschickte schon von der Erde
weggetrunken haben. Künftighin muß ich mir einen größeren
Keller hier anlegen. Der vortreffliche Juvenil (=August) versäumt
auch nicht, seinen Theil von der hellen Sorte zu trinken, und so
weiß man gar nicht, wo dieses Gewächs des Weinstocks alles
hinkommt."

Auf der anderen Seite gibt es jedoch auch Briefe von Christiane
an Goethe, in denen sie ihren Mann bittet, Wein zu bestellen.

„Vergiß nicht, an Zapff zu schreiben, denn itzo sehe ich erst,
wie nothwendig der Wein ist, weil ich keinen habe. Mein Mägel-
chen thut mir gewaltig wehe, wenn ich keinen trinke."

Der Wein war wichtiger Bestandteil an Goethes Tisch. Daß er
für die nötige Geselligkeit sorgte, versteht sich von allein. Dazu
gehorten auch die Trinklieder, für die Goethes Tafel bei den
Gästen bekannt war.

Der Maler Ernst Förster schrieb dazu:

„An einem Ende der Tafel wurde es unruhig; man räusperte
sich, gab ein leichtes Zeichen am Glas, und ein vierstimmiger
Gesang wurde angestimmt. Es gehörte die schöne Sitte, das
Mahl mit Gesängen zu würzen, zu Goethes besonderen Tafelfreuden..."

Goethe war aber auch für seine Trinksprüche bekannt.

„Goethe war Nichtraucher. Er ging darin soweit, daß er es nur
besten Freunden verzieh, daß sie rauchten. Aber ein gutes Glas
Wein oder sagen wir: mehrere davon - nun ja, das war eine andere
Sache. Bis zum letzten Tag übrigens, im 83. Lebensjahr.

So mancher denkwürdige Trinkspruch wurde dabei laut: Man
hätte die Toaste, die Goethe in seinem langen Leben ausge-
bracht, sammeln sollen....

Biedermann berichtet von einem, den Goethe in Karlsbad
gesprochen, bevor er trank. Es sind nur neun Worte, aber sie
haben es in sich. Man kann manche Stunde darüber nach-
denken. Goethe hob das Glas und sagte: ‚Nie Mangel des Gefühls

und nie Gefühl des Mangels!'" (W.Victor, Die geöffnete Tür,
S.63)

Da der Alkohol, vor allem der Wein, bei Goethe einen alltäglichen Bestandteil des Lebens bildete, vertrug er auch eine entsprechende Menge. Daher ist es auch nicht weiter erstaunlich, daß es kaum Zeitzeugen gibt, die Goethe stark alkoholisiert erlebt haben.

Eine Ausnahme bildet aber Adele Schopenhauer, die am 2. April 1819 in ihr Tagebuch notierte: „Neulich habe ich einen Schmerz gehabt. Goethe kam von Berka; einige Gläser *Punsch* und die Frühlingsluft nahmen ihm alle Besinnung. Ich sah ihn in einem furchtbaren Zustande. Nie werde ich es vergessen."

Diese Beobachtung von Adele Schopenhauer scheint eher die Ausnahme gewesen zu sein, ob Bier oder Wein, *Maibowle* oder *Silvesterpunsch,* Goethe zeigte sich meistens trinkfest. Während bei Schiller der Alkoholgenuß eher zu introvertiertem Verhalten führte, kam Goethe nach einigen Gläschen Champagner erst richtig in Form.

Heinrich Steffens, der im Jahr 1800 in Weimar weilte, wußte darüber zu berichten.

„Den wirklichen Anfang des Jahrhunderts verlebte ich in Weimar, und zwar auf einer Maskerade, die der Hof veranstaltet hatte. Ein wohlgeordneter, von Goethe entworfener Aufzug, machte den Anfang. - Nach Mitternacht zogen Goethe, Schiller und Schelling sich in ein Nebenkabinett zurück. Ich durfte von der Gesellschaft sein. Einige Bouteillen Champagner standen auf dem Tisch, und die Unterhaltung ward immer lebhafter. Da fiel mir, der ich mit meiner nordischen Virtuosität nüchterner blieb als die alten Herren, die Veränderung auf, die mit zwei so bedeutenden Persönlichkeiten vor sich ging. Goethe war unbefangen lustig, ja übermütig, während Schiller immer ernsthafter ward und sich in breiten doktrinären ästhetischen Explikationen erging, und er ließ sich nicht stören, wenn Goethe ihn durch irgendeinen geistreichen Einwurf in seinem Vortrag zu verwirren suchte. Schelling behielt fortdauernd seine ruhige Haltung. Ich konnte ihm kaum eine Veränderung anmerken."

MAIBOWLE

Für einen Liter Bowle benötigt man:
0,75 l trockenen Weißwein
60 g Puderzucker
0,2 l Mineralwasser
1 Sträußchen (ca. 3 g)
frischer Waldmeister
50 g frische Orange
1 Spritzer Zitronensaft

*

Zunächst wird der Puderzucker im Mineralwasser restlos gelöst. Sollte kein Puderzucker zur Hand sein, kann man etwa 50 g Streuzucker mit der gleichen Wassermenge zu Läuterzucker kochen und diesen dann abgekühlt in den Wein geben. Ansonsten gibt man den gelösten Puderzucker zu.

*

Die Orange wird mit kochendem Wasser überbrüht, in dünne Scheiben geschnitten, die dann geachtelt werden und somit als dünne Scheibenkeile dem Wein zugesetzt werden. Nun wird der Waldmeister zu einem Kräutersträußchen gebunden und in den Wein gegeben. Ein Spritzer Zitronensaft rundet den Geschmack noch ab. Nach etwa einer Stunde hat das Kraut bereits so viel Aroma abgegeben, daß man es wieder entfernen kann. Nun kann man die Bowle schon probieren.

*

Wer es besonders „spritzig" mag, der kann auch noch ein Gläschen Sekt zugießen, was zwar das Ganze aufwertet, aber nicht unbedingt zum vollendeten Waldmeistergenuß benötigt wird.

21

KALTER SILVESTERPUNSCH

**Die angegebenen Mengen ergeben etwa
3,5 Liter fertigen Punsch:
1 Flasche (0,75 l) trockenen Weißwein
1 Flasche (0,75 l) trockenen Rotwein
0,4 l Madeira
0,25 l Rum
Saft von 2 Orangen
0,05 l Maraschino
10 g schwarzer Tee
600 g Zucker
2 Eßlöffel Ananasextrakt
Schale einer halben Zitrone
1 halbe Vanilleschote**

*

Zuerst wird mit einem halben Liter kochendem Wasser der Tee
zubereitet. Man läßt den Tee in einem Teefilter etwa 2 Minuten
ziehen. In einem zweiten Kochgefäß wird ein viertel Liter
Wasser erhitzt, in dem der Zucker zu Läuterzucker verkocht
wird. Ist der Zucker klar gekocht, gibt man die hauchdünn
geschälte Schale einer halben Zitrone und eine halbe, längs
aufgeschnittene Vanilleschote dazu und läßt das ganze ohne
zu Kochen am warmen Ort auslaugen.

*

Nun wird der Zucker durch ein Haarsieb gegossen und zum
Tee zugegeben.

*

Ist das Ganze abgekühlt, gibt man Weiß- und Rotwein,
Madeira und Rum zu. Den Rum sollte man vorher abbrennen,
indem man ihn in einer Kelle etwas erwärmt und an der
Oberfläche anbrennt.

22

Nun fügt man den gepreßten Saft der beiden Orangen - durch ein Sieb gegossen - und den Ananasextrakt zu. Jetzt wird der Punsch gut verschlossen an einem kalten Platz zum vollkommenen Auskühlen gestellt.

*

Der feine Geschmack dieser Punschbowle wird vor allem dadurch erzielt, daß sie recht kalt serviert wird. Es ist deshalb anzuraten, den Punsch bereits am Silvestermorgen herzustellen.

*

Kurz vor dem Servieren gibt man noch den Maraschino als letzten „Pfiff" zum kalten Silvesterpunsch.

Die Frankfurter Zeit
geprägt von der Kost
der Großeltern und Eltern

Von großem Einfluß auf Goethes Kindheit, aber auch auf sein Eß- und Trinkverhalten war der häufige Aufenthalt im Haus der Großeltern in Frankfurt. Bereits im Alter von 14 Jahren hatte Margaretha Justina Lindheimer ihren Mann, Johann Wolfgang Textor, geheiratet. Goethes Mutter, Katharina Elisabeth, wurde im Elternhaus vor allem im Hinblick auf ihre spätere Rolle als Gattin und Mutter erzogen. Bedeutsam war dabei vor allem das Kochen unter mütterlicher Anleitung. Dabei spielte ein Kochbuch eine wichtige Rolle, das ihre Mutter 1724 im Alter von 13 Jahren vermutlich als Konfirmationsgeschenk erhalten hatte.

Dieses sogenannnte Lindheimerin-Kochbuch, dessen Schreiberin unbekannt ist, stammt aus dem Raum Hessen, ist handgeschrieben und beinhaltet fortlaufende Rezepte auf 107 Seiten. Dabei orientiert sich das Kochbuch an den fürstlichen Tafeln und ist zugleich ein Spiegelbild der bürgerlichen Kochkunst des 18. Jahrhunderts. „Was an fürstlichen Tafeln an erlesenen Pasteten, Braten und Torten aufgetragen wurde, das versuchte die Bürgers- und Patrizierfrau im Kleinen nachzuahmen." (A.M.J. Lindheimerin, Das Kochbuch von Goethes Großmutter, S. 10)

Das Kochbuch von Goethes Großmutter beinhaltet Rezepte zu den Bereichen Backwerk, Süßigkeiten, Getränke, Eingemachtes, Fleisch- und Fischgerichte, süße und scharf gewürzte Speisen, Krebse, Fische, Gebackenes und Gesottenes. Bei den insgesamt 96 Rezepten liegt der Schwerpunkt bei den süßen Speisen wie Back- und Zuckerwerk, z.B. Kuchen, Torten, Plätzchen, Zuckerbrot, Marzipan, Lebkuchen.

Auffällig ist, daß Kartoffeln kaum eine Bedeutung hatten, beim Gemüse wird lediglich Mangold und Lattig aufgeführt. Die vielen Fischrezepte deuten auf den Fischreichtum der Flüsse hin. So gibt es Rezepte zu Hecht, Karpfen, Salm und Lachs, Aal, Forelle, Weißfisch und Gründling. Zu Krebsen gibt es ein Suppenrezept.

„Großzügig und abwechslungsreich war auch die Verwendung von Gewürzen sowohl für süße als für herzhafte Speisen. Da benötigte man Ingwer, „Näglein" und Anis, Muskatnuß und -blüte, Tragant, Koriander, Kubeben und Kardamon, Safran, *Zimt* und Pfeffer. Die moderne Hausfrau kann sich also ruhigen Gewissens darauf berufen, daß ihre wieder so beliebten Gewürze schon in der Familie Goethe zum täglichen Gebrauch gehörten. Vom Dichter selbst wissen wir, daß die Großmutter dafür einen eigenen Vorratsschrank besaß. Wenn nämlich zum traditionellen Frankfurter Feste des Pfeffergerichtes dem Großvater Schultheiß von drei Blasmusikanten nach alter Überlieferung symbolische Gaben überreicht wurden, dann befand sich darunter ein ‚schön gedrechselter Pokal mit Pfeffer angefüllt'. Diesen entleerte die Großmutter in ihren Gewürzladen."
(A.M.J. Lindheimerin, Das Kochbuch von Goethes Großmutter, S. 17, 18)

Der Bereich Gemüse spielt in dem Kochbuch wahrscheinlich deshalb eine so geringe Rolle, weil Produkte aus dem eigenen Garten und ihre Zubereitung als Selbstverständlichkeit galten und gemeinhin bekannt waren.

„Was an einheimischen Gewächsen zum täglichen Bedarf erforderlich war, konnte Frau Textor aus dem eigenen Garten holen, ‚der sich ansehnlich lang und breit hinter den Gebäuden hin erstreckte und sehr gut unterhalten war'. Ein Teil des Raumes war, nach Goethes Beschreibung, den Küchenpflanzen vorbehalten. Hier wuchsen Majoran, Fenchel und ‚Peterlein', Zwiebeln und ‚Roßemarin'. Aber auch die Gurken für die ‚Cucumer Brüh', der Mangold für die ‚Laubfrösch', der ‚Lattig'-Salat und die Rosenknospen für den Rosenzucker entstammten der eigenen Zucht. Die vielseitige Verwendbarkeit des selbstgezogenen Obstes haben wir schon erwähnt. Ein Teil davon wurde regelmäßig für den Winter konserviert: Nüsse, Kirschen, Himbeeren und Quitten. Im Rahmen einer guten Vorratswirtschaft versuchte sich die gute Hausfrau von den jahreszeitlich bedingten Verteuerungen für ausländische Produkte möglichst unabhängig zu machen. Mandeln, Rosinen, Zibelen konnten längere Zeit gelagert werden, auch Zitronen nach besonderem Verfahren. (A. M. J. Lindheimerin, Das Kochbuch von Goethes Großmutter, S. 18).

Goethe selbst erinnert sich an die Wohnung der Großeltern

Gefüllte Äpfel zum Diner

4 Stück kleine,
feste und nicht mehlige Äpfel
$^1/_4$ l trockener Weißwein
60 g Zucker
20 g Butter
etwas Zitronenschale
1 Stück Zimtrinde
1 Eßlöffel Weizen- oder Maispuder
60 g Preiselbeeren
60 g Brombeeren

✳

Zunächst werden die Äpfel geschält und mit einem Apfelkernausstecher vom Kerngehäuse befreit. Dann setzt man sie in eine passende feuerfeste Form eng aneinander und übergießt sie mit einem Weinsud, den man vorher fertiggestellt hat. Dazu wird der Zucker in etwas Wasser gelöst, indem man das Ganze erhitzt und gibt den Weißwein dazu. Ein Stück dünn abgeschälte Zitronenschale und ein kleines Stück Zimtrinde geben die nötige Würze.

✳

Ist alles einmal gut durchgekocht, kann der Sud über die Äpfel gegossen werden und nochmals mit den Äpfeln zum Kochen gebracht werden. Obenauf kommt der Klecks Butter.

✳

Je nach Konsistenz der Äpfel beläßt man selbige noch ein paar Minuten im Sud, bis sie weich sind, aber nicht zerfallen. Nun nimmt man die Äpfel vorsichtig aus der Flüssigkeit, läßt sie je nach Wunsch erkalten oder stellt sie warm.

Der Sud wird mit dem in wenig Wasser angerührten Weizen-
oder Maispuder abgezogen, so daß eine dicke Sauce entsteht.

Die Beeren werden gemischt in die ausgestochenen Äpfel
gefüllt, der Rest daneben gelegt. Das Ganze wird mit der
angedickten Sauce überzogen und kalt oder warm serviert.

Arme Ritter
mit Quittenkompott

8 kleine Scheiben trockenes Weißbrot,
$^1/_8$ l Milch
5 TL Zucker
2 Eier
etwas gemahlener Zimt
100 g Butter
600 g Quitten
etwas Zitrone
Wasser und 1 TL Weizenstärke
4 Zweige Zitronenmelisse

✳

Zunächst werden die Quitten geschält, geviertelt und vom
harten Kerngehäuse befreit, danach in dünne Filetschnitze
geschnitten. In entsprechender Zuckerwassermenge werden
die Quittenschnitze unter Zugabe von 2 Scheiben Zitrone kurz
aufgekocht, bis sie für Kompott die richtige Festigkeit haben.

✳

Die Milch wird mit 2 TL Zucker zum Kochen gebracht. Die
entrindeten Weißbrotscheiben werden mit der gesüßten Milch
etwas benetzt. In der restlichen erkalteten Milch werden zwei
Eier verquirlt. Durch die Ei-Milchmasse werden die Weißbrotscheiben gezogen und anschließend in einer Pfanne in Butter
gebraten. Der restliche Zucker wird mit dem gemahlenen Zimt
vermischt und zum Bestreuen der gebratenen Brotscheiben
verwendet.

Nachdem die Quittenschnitze aus dem Fond genommen
wurden, wird der Quittensud mit etwas angerührter Stärke
abgezogen, nochmals kurz hochgekocht und anschließend auf
Zimmertemperatur abgekühlt.

✳

Beim Anrichten gibt man jeweils 2-3 Eßlöffel angedickten
Quittensaft über die Früchte, arrangiert alles um jeweils zwei
Scheiben gebratene Arme Ritter und garniert mit einem Zweig
Zitronenmelisse.

sehr präzise, wenn er schreibt:
„Vor diesen didaktischen und pädagogischen Bedrängnissen flüchteten wir gewöhnlich zu den Großeltern. Ihre Wohnung lag auf der Friedberger Gasse und schien ehemals eine Burg gewesen zu sein, denn wenn man herankam, sah man nichts als ein großes Thor mit Zinnen, welches zu beiden Seiten an zwei Nachbarhäuser stieß. Trat man hinein, so gelangte man durch einen schmalen Gang endlich in einen ziemlich breiten Hof, umgeben von ungleichen Gebäuden, welche nunmehr alle zu einer Wohnung vereinigt waren. Gewöhnlich eilten wir sogleich in den Garten, der sich ansehnlich lang und breit hinter den Gebäuden erstreckte und sehr gut unterhalten war; die Gänge meist mit Rebgeländern eingefaßt, ein Teil des Raums den Küchengewächsen, ein andrer den Blumen gewidmet, die vom Frühjahr bis in den Herbst in reichlicher Abwechslung die Rabatten sowie die Beete schmückten. Die lange, gegen Mittag gerichtete Mauer war zu wohlgezogenen Spalier-Pfirsichbäumen genützt, von denen uns die verbotenen Früchte den Sommer über gar appetitlich entgegenreiften. Doch vermieden wir lieber diese Seite, weil wir unsere Genäschigkeit hier nicht befriedigen durften, und wandten uns zu der entgegengesetzten, wo eine unabsehbare Reihe Johannis- und Stachelbeerbüsche unserer Gierigkeit eine Folge von Ernten bis in den Herbst eröffnete. Nicht weniger war uns ein alter, hoher, weitverbreiteter Maulbeerbaum bedeutend, sowohl wegen seiner Früchte als auch, weil man uns erzählte, daß von seinen Blättern die Seidenwürmer sich ernährten. In diesem friedlichen Revier fand man jeden Abend den Großvater mit behaglicher Geschäftigkeit eigenhändig die feinere Obst- und Blumenzucht besorgend, indes ein Gärtner die gröbere Arbeit verrichtete. Die vielfachen Bemühungen, welche nötig sind um einen schönen Nelkenflor zu erhalten und zu vermehren, ließ er sich niemals verdrießen. Er selbst band sorgfältig die Zweige der Pfirsichbäume fächerartig an die Spaliere, um einen reichlichen und bequemen Wachstum der Früchte zu befördern. Das Sortieren der Zwiebeln von Tulpen, Hyazinthen und verwandten Gewächsen sowie die Sorge für Aufbewahrung derselben überließ er niemandem; und noch erinnere ich mich gern, wie emsig er sich mit dem Okulieren der verschiedenen Rosenarten beschäftigte. Dabei zog er, um sich vor den Dornen zu schützen, jene altertümlichen ledernen

Handschuhe an, die ihm beim Pfeifergericht jährlich in Triplo überreicht wurden, woran es ihn deshalb niemals mangelte. So trug er auch immer einen talarähnlichen Schlafrock und auf dem Haupt eine faltige schwarze Sammetmütze, so daß er eine mittlere Person zwischen Alkinous und Laertes hätte vorstellen können.

Alle diese Gartenarbeiten betrieb er ebenso regelmäßig und genau, als seine Amtsgeschäfte: denn eh' er herunterkam, hatte er immer die Registrande seiner Proponenden für den andern Tag in Ordnung gebracht und die Akten gelesen. Ebenso fuhr er morgens aufs Rathaus, speiste nach seiner Rückkehr, nickte hierauf in seinem Großstuhl, und so ging alles einen Tag wie den andern. Er sprach wenig, zeigte keine Spur von Heftigkeit; ich erinnere mich nicht, ihn zornig gesehen zu haben. Alles, was ihn umgab, war altertümlich. In seiner getäfelten Stube habe ich niemals eine Neuerung wahrgenommen. Seine Bibliothek enthielt außer juristischen Werken nur die ersten Reisebeschreibungen, Seefahrten und Länderentdeckungen. Überhaupt erinnere ich mich keines Zustandes, der so wie dieser das Gefühl eines unverbrüchlichen Friedens und einer ewigen Dauer gegeben hätte." (Dichtung und Wahrheit, 1. Teil, 1. Buch)

Bemerkenswert ist, daß das Lindheimerin-Kochbuch von dem Ehemann Johann Wilhelm Textor fortgeführt wurde. So finden sich neben den erwähnten Kochrezepten auch praktische Tips für den Haushalt und Garten, Hinweise zur Weinherstellung und Konservierung, Ratschläge zur Gesundheit und medizinische Tips.

Durch die Heirat der Tochter Katharina Elisabeth am 20. August 1748 mit Dr. Johann Kaspar Goethe gelangte das Kochbuch in den Familienbesitz der Goethes. Erst durch den Sohn Johann Wolfgang (* 29. August 1749) erlangte das Kochbuch aber seine spätere Berühmtheit. Häufig war Johann Wolfgang bei seinen Großeltern. Bei diesen Besuchen spielte natürlich das Essen eine wichtige Rolle.

„Als ältester Enkel und Pate hatte ich seit meiner Kindheit jeden Sonntag bei den Großeltern gespeist: es waren meine vergnügtesten Stunden der ganzen Woche." (Dichtung und Wahrheit, 1. Teil, 2. Buch)

Dieses lag aber nicht an der angenehmen Gesellschaft der Familie, sondern sicherlich auch zu einem erheblichen Teil daran, was bei den Großeltern auf den Teller kam.

„Gewiß wurden ihm die sonntäglichen Mahlzeiten nicht nur durch das Zusammensein mit der Familie, sondern auch auf Grund des guten Essens zum Vergnügen. Die vorzüglichen Wildgerichte, das *Hühnerfrikassee*, die gesottenen Forellen, *Hechte* und *Karpfen* haben sicher den Sonntags-Speisezettel im Hause Textor bereichert. - Die Großmutter kochte vorzüglich nach dem inzwischen auswendig gewußten alten Kochbuch. Und besonders um die Weihnachtszeit hatte sie Gelegenheit, ihre Rezepte wirkungsvoll auszuprobieren." (A.M.J. Lindheimerin, Das Kochbuch von Goethes Großmutter, S. 31)

In seinem autobiographischem Werk „Dichtung und Wahrheit" schildert Goethe einen Neujahrsaufenthalt bei seinen Großeltern. „Der Neujahrstag ward zu jener Zeit durch den allgemeinen Umlauf von persönlichen Glückwünschen für die Stadt sehr belebend. Wer sonst nicht leicht aus dem Hause kam, warf sich in seine besten Kleider, um Gönnern und Freunden einen Augenblick freundlich und höflich zu sein. Für uns Kinder war besonders die Festlichkeit in dem Hause des Großvaters an diesem Tage ein höchst erwünschter Genuß. Mit dem frühsten Morgen waren die Enkel schon daselbst versammelt, um die Trommeln, die Hoboen und Klarinetten, die Posaunen und Zinken, wie sie das Militär, die Stadtmusici und wer sonst alles ertönen ließ, zu vernehmen. Die versiegelten und überschriebenen Neujahrsgeschenke wurden von den Kindern unter den geringern Gratulanten ausgeteilt, und wie der Tag wuchs, so vermehrte sich die Anzahl der Honoratioren. Erst erschienen die Vertrauten und Verwandten, dann die untern Staatsbeamten; die Herren vom Rate selbst verfehlten nicht, ihren Schultheiß zu begrüßen, und eine auserwählte Anzahl wurde abends in Zimmern bewirtet, welche das ganze Jahr über kaum sich öffneten. Die Torten, Biskuitkuchen, Marzipane, der süße Wein übte den größten Reiz auf die Kinder aus, wozu noch kam, daß der Schultheiß sowie die beiden Burgemeister aus einigen Stiftungen jährlich etwas Silberzeug erhielten, welches dann den Enkeln und Paten nach einer gewissen Abstufung verehrt ward; genug, es fehlte diesem Feste im kleinen an nichts, was die größten zu verherrlichen pflegt." (Dichtung und Wahrheit, 1. Teil, 3. Buch)

Da der Großvater von Johann Wolfgang Schultheiß in Frankfurt war, kamen besonders viele Gäste ins Haus, um Neujahrsgrüße zu überbringen. Das war für Johann Wolfgang und seine Schwester natürlich ein Erlebnis, zumal es zahlreiche Leckereien gab.

„Alle diese in ‚Dichtung und Wahrheit' aufgezählten Leckereien finden wir im Kochbuch der Großmutter wieder: die ‚schwartze...' und ‚Weiße Mandel Darth', die ‚Mandel tarten' und ‚Tärtlein', der ‚Citronen bißgöt', das ‚Marcipan' und ‚Quit en Marcipan' haben dem Dichter die Kindheit versüßt; der ‚safft Kirschen wein', der ‚Alantwein' und der ‚Wein aus grosen Rosinen' erweckten in ihm eine erste Liebe zum Wein." (A.M.J. Lindheimerin, Das Kochbuch von Goethes Großmutter, S. 31)

Goethes Elternhaus entspricht unseren Vorstellungen vom gehobenen Bürgertum. So gehörten zum Haus am Hirschgraben in Frankfurt eine Bibliothek, eine Kunstsammlung, Möbel des bekannten Abraham Roentgen, aber auch, was unsere Interessen berührt, ein Garten und natürlich ein gut ausgestatteter Weinkeller. Die Ausstattung des Hauses verrät einen gehobenen Lebensstil, der sich natürlich auch beim Speisen und Trinken widerspiegelte.

„Zum ererbten Geschirr und Gerät wurde, wie der Liber domesticus vermerkt, eine Fayenceservice mit 103 Teilen angeschafft, wenig später Porzellan für zwölf Personen, bei anderer Gelegenheit ein Dutzend silberner Löffel, auch silberne Lichtputzscheren, Tee- und Milchkannen, auch eine silberne Zuckerdose und allein 1754 für 85 Pfund Zinn aus England. - Man hört von süßen und sauren Pasteten, von Schnepfen, Torten, Speckkuchen und Schwartemagen. Drei Schüsseln habe sie noch, als sie bereits allein gewesen sei, zu Mittag gehabt, schreibt die Rätin, zum Vesper dann einen Eierkäs und abends ‚ellenlange' Krebse.

Gemeinsam mit der Köchin besorgte sie die Einkäufe für die Küche. So bei Guaita, später bei Brentano die Wachslichte, bei Behaghel den Essig, bei D'Orville das Öl; Andreae lieferte den ‚Caffea di Levante' und die lustige Tante Melber ‚Thee boy s(ive) herba sinensis ‚Pekko", anscheinend eine vorzügliche Sorte. Zum Kauf der Lebensmittel, der ‚Bestreitung der Oekonomie', standen der Hausfrau jährlich 728 bis 780 Gulden zur Verfügung, wobei Friedrich Bothe, dem wir hier folgen, den Gulden mit 7,50 RM ansetzt (1930). Galt es, gastlich zu erweisen, steuerte der Rat aus einer Sonderkasse einen ‚Extragroschen' bei, wie

FRECASSIERTES HÜHNCHEN

1 Suppenhuhn von ca. 800 - 1000 g Gewicht
1 Bund Wurzelgemüse
100 g Butter
2 Eßlöffel Mehl
2 Eigelb
80 g Kochsahne
Saft einer halben Zitrone
60 g Morcheln
12 Stck. Spargelköpfe
Salz
weißer Pfeffer

✳

Das Huhn wird wie gewohnt im Salzwasser mit dem Wurzelgemüse gegart. Löst sich das Fleisch sehr gut von der Karkasse, ist der richtige Garpunkt erreicht. Nun wird das Huhn
auf Zimmertemperatur abgekühlt und von Haut und Karkasse
getrennt. Das schiere Fleisch schneidet man in gefällige Stücke
und stellt es kalt.

✳

Für die Sauce schmilzt man in der Kaserolle die Butter und
schwitzt darin das Mehl, ohne es Farbe nehmen zu lassen. Mit
kalter Kochsahne und abgefetteter kalter Brühe rührt man die
Sauce glatt und erhitzt die Sauce unter ständigem Rühren bis
zum Siedepunkt. Nun läßt man sie gut durchkochen.

✳

Abgeschmeckt wird die Sauce mit Salz, einer Prise weißem
Pfeffer und Zitronensaft.

Zum Schluß legiert man sie mit den in etwas Kochsahne verquirlten Eigelben. Nun darf die Sauce nicht mehr kochen. Die Sauce soll die Konsistenz haben, daß sie über den erhitzten Fleischstücken steht und nicht abläuft.

✳

Auf dem Fricassee werden die gegarten Spargelköpfe und Morcheln gefällig arrangiert. Dazu reicht man nach Belieben Reis, Kartoffelstampf oder Petersilienkartoffeln.

GESPICKTER HECHT
MIT SAUERKRAUT

800 g Hechtfilet
120 g fetter Speck
80 g Butter
50 g Semmelmehl
100 g saure Sahne
etwas Zitronensaft
8 cl Portwein
1 kleiner Zweig Liebstock
1 kleine Zwiebel
300 g Sauerkraut
Zucker
Salz
1 Lorbeerblatt

*

Zuerst wird das Hechtfilet in vier gleichgroße Stücke geteilt
und mit dünnen Speckstreifen in kleinem Abstand durch-
zogen. Der Fisch wird gesalzen und in einer feuerfesten Form
beidseitig in Butter scharf angebraten. Ist dies geschehen,
werden die Hechtstücke mit dem Semmelmehl bestreut und
mit der sauren Sahne angegossen.

Rundum werden die Fischstücke mit dem Sauerkraut umlegt,
dem man die feingeschnittene Zwiebel beifügt, die man vorab
in einer separaten Pfanne in den restlichen Speckwürfeln
glasig geschwenkt hat.

Das Sauerkraut wird noch mit einer Prise Zucker, Salz und mit
dem Lorbeerblatt gewürzt.

Einige wenige kleine Liebstock-Herzblättchen werden fein-
streifig geschnitten und dem Ganzen beigefügt.

✳

Zum Schluß gießt man den Portwein ein und beträufelt den
Fisch mit etwas Zitronensaft.

✳

Nun kommt die feuerfeste Form in den vorgeheizten Backofen
und wird bei ca. 180° C ca. 35 Minuten gegart. Zwischendurch
sollte man mit dem sich bildenden Fond das Gericht des
öfteren übergießen.

✳

Nach Geschmack und Gewohnheit kann man am Ende der
Garzeit den Garfond mit sehr wenig angerührter Maisstärke
etwas binden.

✳

Dazu empfehle ich Petersilienkartoffeln zu reichen.

Überbackenes Hechtragout mit Pilzen und Muscheln

1 kg frische Miesmuscheln
600 g Hechtfilet
Saft einer Zitrone
60 g altbackenes Weißbrot
100 g Butter
0,1 l Milch
2 Eier
2 Eßlöffel gehackte, frische Kräuter
(Kerbel, Dill, Petersilie, Estragon)
100 g frische Morcheln
0,2 l trockener Weißwein
Salz
gemahlener weißer Pfeffer

✳

Die Muscheln werden geputzt, gewaschen und in Salzwasser gegart. Nur geschlossene Muscheln zum Garen verwenden. Nach dem Garen nur die geöffneten Muscheln verarbeiten. Die Muscheln aus der Schale lösen und den Bart entfernen. Das Fischfilet wird in daumenbreite Stücke geschnitten und mit Salz und Zitronensaft mariniert.

✳

Das grob geschrotete, altbackene Weißbrot wird mit der Hälfte der Butter und der Milch auf dem Feuer zu einer sämigen Sauce verrührt. Vom Feuer genommen wird die Sauce mit den verquirlten Eigelben legiert sowie mit den gehackten Frischkräutern verfeinert. Abgeschmeckt wird mit Salz und weißem Pfeffer.

Eine feuerfeste Form wird mit der restlichen Butter gefettet. Dahinein gibt man die marinierten Fischstreifen, übergießt sie mit dem Weißwein, bestreut mit den gehackten Morcheln und bestreicht alles mit der dicken Sauce.

Im vorgeheizten Ofen gratiniert man alles bei 180° C etwa 30 Minuten. Kurz vor dem Ende der Garzeit legt man die Muscheln im Kranz um das Ragout und überbäckt sie ebenfalls noch kurz.

Karpfen-Fritures
vom salpigoN

600 g Karpfenfilet
150 g Butter
1 kl. Bund Petersilie
1 kl. Bund Schnittlauch
5 Eßlöffel guter Weinessig
3 EL Mehl
1 Tasse Kochsahne
3 Eigelb
etwas Zitronensaft
1 Messerspitze Cayenne-Pfeffer
5 Pfefferkörner
3 Nelken und etwas abgeriebene Zitronenschale
500 g Schmalz oder Friteusenfett zum Ausbacken

*

Zuerst wird das geputzte Karpfenfilet durch die mittlere Scheibe des Fleischwolfes gedreht. Die Hälfte der Butter wird in einer Pfanne geschmolzen - noch besser ist vorher geklärte Butter. Darin wird das Karpfenfleisch einige Minuten unter Rühren gegart, bevor man die feingewiegten Kräuter zugibt. Ein Eßlöffel des Weinessigs wird bereits jetzt zugefügt. Nach etwa 6 - 8 Minuten Garzeit auf mittlerer Flamme wird der Ansatz auf ein Sieb gegeben, so daß der gebildete Fond aufgefangen werden kann.

*

Inzwischen wird die andere Hälfte der Butter geschmolzen, in der das Mehl geschwitzt wird ohne es Farbe nehmen zu lassen.

Mit der kalten Kochsahne, den Pfefferkörnern, Nelken und Zitronenschale wird die Schwitze unter ständigem Rühren zu einer dicken Sauce verkocht, der der restliche Essig nach Geschmack zugefügt wird. Mit den verquirlten Eigelb wird die Sauce legiert, mit etwas Cayenne-Pfeffer abgeschmeckt und durch ein Haarsieb auf den Karpfenansatz gegeben.

*

Dieses Salpigon wird fingerdick auf ein Backblech gestrichen. Ist es erkaltet, schneidet man längliche Streifen und bäckt diese im heißen Schmalz oder Friteusenfett knusprig aus.

z.B. für ein ‚Schmäusgen' am 7.8.1765, zu dem einige Freunde geladen waren, 48 Gulden, ein Betrag, der dem Monatssalär des großen Bustelli in Nymphenburg entsprach. Aus dieser Kasse zahlte Rat Goethe auch, was er, neben den täglichen Einkäufen der Hausfrau und Köchin, zusätzlich selbst besorgte. Im Liber domesticus notierte er die Quellen: Seife aus Aschaffenburg, Bratenwender aus Hanau, in beträchtlichen Mengen Wurst aus Göttingen, Käse aus Emden, Rosenzucker aus Genua. Außerdem bestellte und bezahlte er persönlich Oberräder Kuchen, immer wieder Brenten, *Zimtwaffeln*, Schokolade und Konfekt, häufig auch Zuckerhüte, auch ‚Kistel' mit braunem Kandiszucker oder ein Säckchen Raffinade. Mindestens einmal im Jahr wurde für den Familientisch ein Schwein geschlachtet, Gänse und Rindfleisch gepökelt und geräuchert, und Frau Rat mußte in den ‚fatalsten' Monaten des Frühjahrs, wo sie schon durch große Wäsche und Hausputz ‚ganz aus ihren Gerick und Geschick kam', noch zentnerweise Butter schmelzen und klären, so 202 $^1/_2$ Pfund im Juli 1768.

Eine rege Geselligkeit, wenn auch von bürgerlich behaglichem Zuschnitt, entsprach diesem opulenten Wirtschaften. Regelmäßig zweimal im Monat vereinten sich die Freunde des Hauses zum ‚consilium amicorum'; die Rätin erheiterte sich in ihrem Kränzchen, die Kinder hatten (wohl auch in der pädagogischen Absicht, ihre geselligen Talente zu fördern) Kindergesellschaften. Erwachsen pflegte dann Cornelia zwei Freundeszirkel, die sich zu Spiel, Tanz und Musik im Haus am Hirschgraben trafen, und der junge Doktor Goethe lud alle an den elterlichen Tisch, die sich, von seinem frühen Ruhm angelockt, im genialischen Ungestüm zu ihm drängten." (Mit Goethe durch das Jahr 1980, s. 15-19)

Im Januar 1759, als französische Truppen in Frankfurt einmarschierten und ein Offizier namens Francois de Thoranc in Goethes Elternhaus einquartiert wurde, ereignete sich folgende Begebenheit, die von Goethe selbst folgendermaßen unter dem Eindruck, daß sein Vater wegen der Einquartierung schlechte Laune hatte, geschildert wurde:

„Wäre es, wie schon gesagt, möglich gewesen, den Vater zu erheitern, so hätte dieser veränderte Zustand wenig Drückendes gehabt. Der Graf übte die strengste Uneigennützigkeit; selbst Gaben, die seiner Stelle gebührten, lehnte er ab; das Geringste,

Zimtwaffeln

200 g Butter
6 Eigelb
150 g Zucker
6 Eiweiß
$^1/_2$ l Schlagsahne
$^1/_2$ Tasse Apfelsaft
200 g Mehl
50 g Puderzucker
1 gehäufter Teelöffel gemahlener Zimt

*

125 g Butter und die Eigelbe werden schaumig gerührt.

*

100 g Zucker und der Apfelsaft werden zugegeben und noch
etwa 2 Minuten weiter gerührt.

*

Die Eiklar werden mit dem restlichen Zucker steif geschlagen.
Von diesem Eischnee wird die Hälfte mit der flüssigen Sahne,
dem Zimt und dem Mehl unter die Eimasse gerührt. Den
restlichen Eischnee hebt man zum Schluß vorsichtig unter die
Masse.

*

Die übriggebliebene Butter wird geschmolzen. Mit ihr wird das
Waffeleisen jeweils vor dem Backen der Waffel eingepinselt.
Jeweils 2-3 Eßlöffel werden vom Teig auf das so vorbereitete
Waffeleisen gegeben. Die Waffeln werden goldbraun gebacken
und sofort mit Puderzucker bestreut.

*

Noch warm sollten die Waffeln gereicht werden. Nach Belieben
kann man noch geschlagene Sahne, frische Früchte, Eiscreme
oder Kompott dazu reichen.

*

Ich empfehle einen Tupfer geschlagene Sahne sowie einige
dünne Apfelspalten.

das einer Bestechung hätte ähnlich sehen können, wurde mit Zorn, ja mit Strafe weggewiesen; seinen Leuten war aufs Strengste befohlen, dem Hausbesitzer nicht die mindesten Unkosten zu machen. Dagegen wurde uns Kindern reichlich zum Nachtisch mitgeteilt. Bei dieser Gelegenheit muß ich, um von der Unschuld jener Zeiten einen Begriff zu geben, ausführen, daß die Mutter uns eines Tages höchlich betrübte, indem sie das Gefrorene, das man uns von der Tafel sendete, weggoß, weil es unmöglich vorkam, daß der Magen ein wahrhaftes Eis, wenn es auch noch so durchzuckert sei, vertragen könne." (Dichtung und Wahrheit, 1. Teil, 3. Buch)

Als die Franzosen Frankfurt angriffen und ein Sieg der Franzosen abzusehen war, kam der Rat Goethe in schlechtester Laune heim.

„Voller Zorn kehrte er nach Hause zurück, schloß sich in sein Zimmer ein und verweigerte das Essen. Graf Thoranc kam indessen zurück, wurde von Cornelia und Wolfgang mit Glückwünschen an der Tür empfangen und ließ die Kleinen mit Konfekt und süßen Wein bewirten. Die Mutter konnte die Kinder, die durchaus den Vater an ihrem herrlichen Mahl teilnehmen lassen wollten, kaum beruhigen.". (J. Höffner, Frau Rat, S. 55/56)

Die Kinder im Goethehaus waren ständig im Haus auf der Suche nach Süßigkeiten und Leckereien; die Speisekammer, die leider immer wieder verschlossen wurde, übte eine besondere Anziehung auf Johann Wolfgang und seine Schwester aus. Goethe schreibt darüber: „Unter allen Thüren war, wie man leicht erachten kann, die thüre der Speisekammer diejenige, auf die meine Sinne am schärfsten gerichtet waren. Wenig ahnungsvolle Freuden glichen der Empfindung, wenn ich meine Mutter manchmal hineinrief, um etwas heraustragen zu helfen, und ich dann einige gedörrte Pflaumen entweder ihrer Güte oder meiner List zu danken hatte. Die aufgehäuften Schätze übereinander umfingen meine Einbildungskraft mit ihrer Fülle, und selbst der wunderliche Geruch, der so manche Spezereien durch einander aushauchten, hatte so eine leckere Wirkung auf mich, daß ich niemals versäumte, so oft ich in der Nähe war, mich wenigstens an der eröffneten Atmosphäre zu weiden. Dieser merkwürdige Schlüssel blieb eines Sonntagsmorgens, da die Mutter von dem Geläute übereilt ward und das ganze Haus in einer tiefen Sabbatstille lag, stecken. Kaum hatte ich es bemerkt, als ich etlichemal sachte an der Wind hin und herging, mich endlich still und fein andrängte, die Thür öffnete und mich mit einem Schritt in der Nähe so vieler langgewünschter Glückseligkeit fühlte. Ich besah Kasten, Säcke, Schachteln, Büchsen, Gläser mit einem schnellen, zweifelnden Blicke, was ich wählen sollte, griff endlich nach den vielgeliebten geweckten Pflaumen, versah mich mit einigen getrockneten Äpfeln und nahm, genügsam, noch einige eingemachte Pomeranzenschalen dazu; mit welcher Beute ich meinen Weg wieder rückwärts glitschen wollte, als mir ein paar nebeneinander stehende Kasten in die Augen fielen, aus deren einem Drähte, oben mit Häkchen versehen, durch den übel verschlossenen Schieber heraushingen. Ahnungslos fiel ich darüber her; und mit welcher überirdischen Empfindung entdeckte ich, daß darin meine Helden- und Freudenwelt aufeinander gepackt sei! Ich wollte die obersten aufheben, betrachten, die untersten hervorziehen; allein gar bald verwirrte ich die leichten Drähte, kam darüber in Unruhe und Bangigkeit, besonders da die Köchin in der benachbarten Küche einige Bewegungen machte, daß ich alles so gut ich konnte, zusammendrückte, den Kasten zuschob, nur ein geschriebenes Büchelchen, worin die Komödie von David und Goliath aufgezeichnet war, das obenauf gelegen hatte, zu mir steckte und mich mit dieser Beute leise die Treppe hinauf in eine Dachkammer rettete."

Bei der Erziehung von Johann Wolfgang im Elternhaus setzte die Mutter kulinarische Lockmittel ein. So wird von ihr in einer Veröffentlichung über die Frau Rat, wie Goethes Mutter auch genannt wurde, geschrieben: „Es ist uns nicht berichtet, daß sie Wolfgang je geschlagen oder hart angelassen hätte; ihre Erziehungsmittel waren Pfirsiche und die bekannten Frankfurter Brenten." (J. Höffner, Frau Rat, S. 33)

Bekannt war Goethes Mutter für ihren guten Eierkuchen. Dieser bewirkte auch, daß Johann Wolfgang Zeit seines Lebens eine Vorliebe für Eierkuchen hatte, den er sich sogar selbst backen konnte. Sein Sohn August, aber auch Fritz, der Sohn von Charlotte von Stein, waren von Goethes Pfannkuchen begeistert.

Die Pfannkuchen von Frau Goethe schlugen hohe Wellen. Die Königin von Preußen, geborene Prinzessin von Mecklenburg, beispielsweise, die in Goethes Haus in Frankfurt weilte, erinnerte sich viele Jahre später daran. Die Frau schrieb noch 1806 an ihren Sohn: „...alle Mittag kamen sie mit 3 Gabeln bewaffnet an meinen kleinen Tisch - gabelten alles was Ihnen vorkam - es schmeckte herrlich - nach Tisch spielte die jetzige Königin auf dem Pianoforte und der Prinz und ich tanzten - ..."

„Des ‚guten Pfannkuchen' gedachte Königin Luise noch immer, so oft sie Frau Rat sah; und wie Prinz Georg nun gar an seinem Wunsch bei Frau Rat, Specksalat mit Eierkuchen zu essen, erkannt wird, das hat uns in ihrer meisterhaften Art Bettina aus dem letzten Lebensjahre der Frau Rat erzählt: ‚Vor ein paar Tagen ging ich abends noch hin, die Jungfer ließ mich ein mit dem Bedeuten, sie sei noch nicht zu Hause, müsse aber gleich kommen. Im Zimmer war's dunkel, ich setzte mich ans Fenster und sah hinaus auf den Platz. Da war's, als wenn was knisterte, - ich lauschte und glaubte ahnen zu hören, - mir ward unheimlich, ich hörte wieder etwas sich bewegen und fragte, weil ich's gern aufs Eichhörnchen geschoben hätte: Hänschen, bist du es? Sehr unerwartet und für meinen Mut sehr niederschlagend antwortete eine sonore Baßstimme aus dem Hintergrund: Hänschen ist's nicht, es ist Hans, und dabei räuspert sich der ubique malus spiritus. Voll Ehrfurcht wag' ich mich nicht aus der Stelle, der Geist läßt sich auch nur noch durch Atmen und einmaliges Niesen vernehmen; - da hör' ich die Mutter, sie schreitet voran, die kaum angebrannte, noch nicht volleuchtende Kerze hinterdrein, von Jungfer Lieschen getragen. Bist du da? fragte die Mutter, indem sie ihre Haube abnimmt, um sie auf ihren nächtlichen Stammhalter, eine grüne Bouteille, zu hängen; ja, rufen wir beide, und aus dem Dunkel tritt ein besternter Mann hervor und fragt: Frau Rat, werd' ich heute Abend mit Ihnen einen Specksalat mit Eierkuchen essen? Daraus schloß ich dann ganz richtig, daß Hans ein Prinz von Mecklenburg sei.'" (K. Heinemann, Goethes Mutter, S. 206, 207)

Die Ursachen für Goethes Gartenbegeisterung liegen in seiner Frankfurtet Jugendzeit. So besaß der Vater vor dem Eschenheimer Tor Grundstücke.

„Das eine war ein großer Baumgarten, dessen Boden als Wiese benutzt wurde, und worin mein Vater das Nachpflanzen der Bäume, und was sonst zur Erholung diente, sorgfältig beobachtete, obgleich das Grundstück verpachtet war. Noch mehr Beschäftigung gab ihm sein Weinberg vor dem Friedberger Tore, woselbst, zwischen den Reihen der Weinstöcke, Spargelreihen mit großer Sorgfalt gepflanzt und gewartet wurden." (Auf den Spuren des jungen Goethe, S. 21)

„Ich habe gespeiset, nun speis ich erst gut!
Bei heiterem Sinn, mit fröhlichem Blut
Ist alles an Tafel vergessen.
Die Jugend verschlingt nur, dann sauset sie fort;
Ich liebe, zu tafeln am lustigen Ort,
Ich kost und ich schmecke beim Essen.

Ich habe getrunken, nun trink ich erst gern!
Der Wein, er erhöht uns, er macht uns zum Herrn
Und löset die sklavischen Zungen.
Ja, schonet uns nicht das erquickende Naß:
Dann schwindet der älteste Wein aus dem Faß,
So altern dagegen die jungen."

Die Weimarer Zeit.
Liebe geht durch den Magen.

Erst Bierkaltschale,
dann eine fürstliche Tafel

Als Johann Wolfgang Goethe 1776 nach Weimar kam, entwickelte er rasch eine freundschaftliche Beziehung zu der Herzogin Luise, der Frau von Herzog Karl August. Diese besonders intensive Beziehung findet beispielsweise im Jahr 1778 ihren Niederschlag, als Goethe ein Fest für sie organisierte. Da ihr Geburtstag allerdings erst im Winter lag, besann sich Goethe, der nie um Ideen verlegen war, auf das Fest des Namenstages. Dieses war zwar ein katholischer Brauch, der dem protestantischen Thüringen fremd war, doch wenn ein Fest gefeiert werden sollte, mußte halt auch ein Anlaß her.

„Der ‚Stern' scheint der geeignete Platz für ein bukolisches Fest. Uralte Bäume beschatten den feuchten Grund, Ulmen, Eschen und Tannen. Strahlenförmig gehen die Wege von einem Rundplatz aus, den die Statue eines Fauns schmückt. Und an Faunen und Nymphen, an Schäfern und Schäferinnen soll's in dem Festspiel nicht fehlen.

Aber der Stern liegt tief im Tal zwischen Ilm und Floßgraben. Anfang Juli gehen gewaltige Gewitter nieder, die den Stern mitsamt der benachbarten, lieben Wiese vor Goethes Gartenhaus unter Wasser setzen. Ans Theaterspielen ist dabei nicht mehr zu denken. Und das Spiel paßt doch auch an keinen andern Ort! Der ‚Wälsche Garten' auf der Höhe überm westlichen Ilmufer ist, wie sein Name schon sagt, ganz und gar kein Tummelplatz für Nymphen und Faune. Es muß etwas anderes ersonnen werden!

Das westliche Ilmufer fällt steil ab zum Flüßchen hinunter.

Hier versickert die Nässe rasch, hier kann man seine sicheren Vorbereitungen für ein neues Fest treffen. Und so entsteht das Luisenkloster!

In drei Tagen und Nächten wird das Häuschen hingestellt, keiner in ganz Weimar hat eine Ahnung davon. Das neue Festspiel, dem diese ‚Einsiedelei' Kulisse sein wird, dichtet einer aus dem Kreis des Herzogs, der Kammerherr von Seckendorff.

Die Sorge für die höfischen Vergnügungen gehört ja im Grunde überhaupt ins Ressort der dazu eigens berufenen Hofbeamten. Goethe ist zwar jetzt Favorit und Faktotum, und als solches arbeitet er eifrig mit bei solchen Veranstaltungen. Aber da ist eine sehr scharfe Grenze, die auch Karl August respektiert: ein Hofamt kann nur einer vom Adel einnehmen. Der bürgerliche Dr. Goethe darf bloß Staatsbeamter sein! Und wenn er sich auch eifrig als maître de plaisir betätigt, so geschieht es eben aus Laune, und weil er das noch besser versteht als die Kammerherrren von Seckendorff und Einsiedel. -

Wie dann die Herzogin Luise sich mit ihren Damen an der bezeichneten Stelle einfindet, bietet sich ihr ein sonderbarer Anblick: ein Zug von bärtigen Mönchen in weißen Kutten schreitet ihr entgegen. So beginnt der Pater Orator:

Memento mori! Die Damen und Herrn
Gedachten wohl nicht uns zu finden am Stern,
Es sei denn, sie hätten im voraus vernommen,
Daß eben am Tag, wie das Wasser gekommen,
Auch wir mit dem Kloster hierher sind geschwommen.

Von der weimarischen Sintflut ist das Kloster der Mönche weggerissen und hier an den Abhang getrieben worden! Der als Fettwanst ausgestopfte Herzog und Goethe werden nun also vorgestellt:

„Der dicke Herr ist der Pater Guardian,
Ein überaus heilig- und stiller Mann,
Den wir, dem löblichen Kloster zum besten,
Mit allem, was lecker und nährend ist, mästen.
Und dieser hier: Pater Dekorator,
Der all unsern Gärten und Baumerk steht vor,
Der hat nun beinah drei Nacht nicht geschlafen,
Um uns hier im Tal ein Paradies zu verschaffen.
Denn, wenn Der was angreift, so hat er nicht Ruh,
Stopft Tag und Nacht die Löcher mit Heckenwerk zu,

BIER-KALTSCHALE

1,5 l Pils-Bier
60 g geriebenes Graubrot
30 g Zucker
1 Zitrone
80 g Rosinen
2 Scheiben Graubrot
60 g Butter
0,2 l halbtrockener Weißwein - vorzugsweise Riesling

*

Das Bier wird mit dem Zucker und dem geriebenen Graubrot
verrührt. Die Zitrone wird halbiert. Die eine Hälfte wird zu Saft
gepreßt, der zum Kaltschalenansatz zugegeben wird. Die
andere Hälfte wird abgeschält, halbiert und in sehr dünne
Scheiben geschnitten. die ebenfalls zum Ansatz gegeben
werden.

*

Die beiden Graubrotscheiben befreit man von der Rinde und
schneidet sie in feine, gleichmäßige Würfel. Diese werden dann
in einer Pfanne, in der man die Butter erhitzt hat rundum
knusprig hellbraun geröstet.

*

Nachdem man dem Kaltschalenansatz die in etwas Weißwein
eingeweichten Rosinen und den restlichen Wein zugegeben
hat, läßt man das Ganze an einem kühlen Ort ca. 30 Minuten
durchziehen.

*

Nun wird die Bierkaltschale in tiefen Tellern angerichtet und
obenauf streut man die knusprigen Brotwürfelchen.

50

Macht Wiesen zu Felsen und Felsen zu Hänge,
Bald gradaus, bald zickzack, die Breit' und die Länge..."

Nach weiteren spaßigen Auseinandersetzungen werden die Damen in das Stolz zum 'Refektorium' ernannte einzige Zimmerchen der Hütte geleitet. Dort ist ein recht bäurisch einfacher Tisch gedeckt, mit grobem Leinen, irdenen Tellern, Blechlöffeln. Eine *,Bierkaltschale'* prangt, wenig einladend für verwöhnten Geschmack, in der Mitte. Die Oberhofmeisterin Gräfin Gianini kräuselt schon mißbilligend ihr schwarzes Bärtchen - man ist es ja gewöhnt, daß der bürgerliche Favorit den Herzog auf unherzogliche Einfälle bringt...

Da spricht der Pater Guardian-Karl August zu diesem Favoriten:

„Herr Dekorator, der Platz ist sehr enge,
Und unsere Klausur ist eben nicht strenge:
Ich dächte, wir führten die Damen ins Grüne."

Nach einigem Hin und Her ist Goethe-Dekorator bereit, sich nach einem geeignetem Platz umzusehen, er stößt die hintere Tür des Hüttchens auf, und siehe da: auf einem neuhergerichteten Platze unter alten Eschen steht eine *leckere fürstliche Tafel,* Musik erklingt, und ein eigens für diesen Zweck hergeleiteter künstlicher Wasserfall ‚erteilt dem Ganzen ein frisches, romantisches Wesen...' - urteilt noch der alte Goethe.

Den Zauber diese Orts, der bald dem Herzog so lieb wird, läßt Goethe ein paar Tage nach dem Luisenfest noch einmal aufleben. Am Namenstag der jungen Herzogin war Anna Amalia verreist. Sie weilte in den Rheingegenden, hatte auch Goethes Eltern besucht. Zur Feier ihrer Heimkehr soll auch sie ein Fest haben!

Goethe lädt sie mit den Nächsten ihres Hofes in sein Häuschen, führt sie dann hinüber an den Abhang, damit sie die neuesten Verschönerungen dort kennenlerne. Im ‚Refektorium' wird fröhlich getafelt, bis das Dunkel des Sommerabends über das Ilmufer sinkt. Und da öffnet sich die Tür - und das ganze Tal glänzt im zauberhaften Helldunkel Rembrandts! Denn Anna Amalia liebt die Kunst des Meisters, und so ist diese Nachtbeleuchtung, diese lebende Rembrandt-Landschaft, eine besonders zarte Huldigung für sie! Wieland ist auch unter den Geladenen, er berichtet über die Festlichkeit an Merck, faßt seine Begeisterung zusammen im Bekenntnis: ‚Ich hätte Goethe vor

Liebe fressen mögen.' - Diese Huldigung vergilt dann Anna Amalia ebenso reich, ebenso zart, auf ihre Weise, auf Frauenweise - an seinen Eltern! ‚Ihro Durchlaucht legen's recht darauf an, Goethens Vater und Mutter in ihrer Einsamkeit zu erfreuen', schreibt die Frau Rat im gleichen Jahr; dankt der ‚teuersten Fürstin' für ein Portrait des ‚Doktors', für die Nachrichten über das Weimarer Leben und Treiben und Theaterspielen." (F.A. Hohenstein, Weimar und Goethe, S. 80-83)

Bleibt die Frage, wie die „leckere fürstliche Tafel", die unter den alten Eschen aufgebaut worden war, sich kulinarisch zusammensetzte.

Denn daß die Tafel auch nach der Rückkehr der Herzogin Anna Amalia, die leider die erste kulinarische Überraschung verpaßt hatte, nochmals aufgebaut wurde, spricht für die Herzogin, aber auch für die Qualität der Speisen und Getränke. Wenn Wieland nach dem Mahl sagte, daß er Goethe vor Liebe fressen möchte, dann ist dieser Ausspruch zwar auch als Verehrung für den Dichter aufzufassen, bezieht sich natürlich auch und besonders auf die Leckereien, die aufgebaut worden waren.

„Läßt sich einer zur Tafel läuten,
Das Essen hat wenig zu bedeuten."

Fürstliche Tafel

Suppe

Gemüse

Rinderbrust

Geflügel

Pasteten

Mehlspeise

Rindfleisch

Rahmgemüse

Kuchen

GRÜNE FRÜHLINGSSUPPE

Je eine Handvoll Kerbel
Sauerampfer und Portulak
1 kleiner Kopfsalat
1 kleine Porreestange
120 g Butter
2 gehäufte Eßlöffel Weizenmehl
2 l Rinderbouillon
8 Scheibchen geröstetes Baguette-Brot
2 Eigelb
100 g Kaffeesahne
Salz
Muskat

*

Der in feine Streifen geschnittene Porree wird in etwa $1/3$ der Butter angeschwitzt und zur Seite gestellt. In der restlichen Butter wird das Mehl geschwitzt, ohne es Farbe nehmen zu lassen.

*

Nun füllt man mit der Bouillon auf und kocht das Ganze um $1/3$ ein. Die Flamme muß klein sein und es muß häufig gerührt werden.

*

Die Suppe wird durch ein Sieb gegossen und nochmals kurz aufgekocht. Nun gibt man die fein gewiegten Kräuter und Kopfsalat zu sowie den gedünsteten Porree. Die Suppe wird vom Feuer genommen und mit den in der Kaffeesahne verquirlten Eigelben legiert.

*

Mit Salz und Muskat abgeschmeckt wird die Suppe auf je 2 Scheibchen gerösteten Baguettebrot pro Teller angerichtet und sofort zu Tisch gebracht.

WEISSE BOHNEN-GEMÜSE
IN SCHINKENCREME

600 g kleine weiße Bohnen
250 g Kochschinken
100 g gepellte Zwiebeln
100 g Butter
5 Stck. Eigelb
1 Eßlöffel Mehl
1 Tasse Rindsbouillon
etwas Weinessig
abgeriebene Zitronenschale
1 Lorbeerblatt
Salz

✳

Die eingeweichten Bohnen kocht man im Wasser gar.

✳

Die Zwiebeln schneidet man in sehr feine Würfel und schwitzt
sie in der ausgelassenen Butter glasig. Danach gibt man den in
ebenfalls sehr feine Würfel geschnittenen Kochschinken, etwas
geriebene Zitronenschale, Salz und das Lorbeerblatt zu.

✳

Nun gibt man das Mehl zu und schwitzt alles nochmals gut
durch, bevor die kalte Bouillon aufgefüllt und alles glatt
gerührt wird. Jetzt nimmt man das Lorbeerblatt heraus und
würzt mit Essig nach Geschmack. Vom Feuer genommen
werden die verquirlten Eidotter unter ständigem Rühren
untergehoben. Diese Sauce wird mit dem Passierstab ganz fein
püriert oder durch ein Sieb gestrichen. Die Bohnen werden in
die Sauce gegeben und nochmals mit etwas Salz nachgeschmeckt.

✳

Dieses Bohnengemüse eignet sich sehr gut als Beilage zu
grilliertem und gekochtem Lamm- oder Hammelfleisch.

MIT PANADE
ÜBERBACKENE RINDERBRUST

Ca. 1 kg Rinderbrust vom dicken Stück
2 l Rindsbouillon
100 g Semmelmehl
250 g geputzte junge Karotten
250 g geputze, kleine weiße Rübchen
das innere Herzstück eines Weißkohlkopfes
Salz
Muskat

✳

Das vom Schlachter vorbereitete Stück von der Rinderbrust
wird in einer kräftigen Rindsbouillon gar gekocht. Ist keine
Bouillon vorhanden, setzt man das Bratenstück nach her-
kömmlicher Art mit Suppengemüse, Lorbeerblatt, Piment,
gerösteter Zwiebel im Salzwasser an. Das Garen dauert auf
mittlerer Flamme mindestens 3 Stunden.

✳

Ist die Rinderbrust gar, legt man sie auf eine mit etwas Bouillonfett benetzte feuerfeste Unterlage. Das Semmelmehl wird
ebenfalls mit etwas Bouillonfett versetzt und auf die Rinderbrust aufgestrichen. Mit etwas Salz bestreut, kommt die
Rinderbrust in die vorgeheizte Bratröhre und wird bei 250° C
Oberhitze schön hellbraun gebraten.

✳

Inzwischen wird das geputzte Gemüse in etwas Rindsbrühe
bißfest gegart. Das Herzstück vom Weißkohl wird in dicke Keile
geschnitten und ebenfalls mit fetter Bouillon sowie etwas
geriebener Muskatnuß gegart.

Angerichtet wird auf einer nicht zu kleinen Schüssel (Platte) mit dem Rinderbruststück in der Mitte (es wird bei der Tafel in 4 gleichgroße Stücke geschnitten) und dem gegarten Gartengemüse schön bunt arrangiert rundum.

HÄHNCHENFLEISCHKLÖSSCHEN ALS ZWISCHENSCHÜSSEL

Fleisch von einem kleinen gebratenen Hähnchen
125 g Butter
2 Eier
4 Eigelb
Salz
Muskatnuß
1,5 Liter möglichst kräftige Hühnerbouillon
oder ersatzweise Rinderbrühe

✳

Das kalte gebratene Hähnchen wird gründlich von allen
Knochen (Karkasse) befreit, so daß nur noch schieres Fleisch
übrigbleibt. Nun schneidet man es in sehr feine Würfelchen
oder dreht es einfach durch die mittlere Scheibe des
Fleischwolfes.

✳

Die Butter wird mit den Eiern und den Eigelben zu Schaum
gerührt. Man gibt dann portionsweise das fachierte Hähnchen-
fleisch zu und würzt mit Salz und Muskatnuß. Diese Masse
soll fest sein und einen gut Stand haben.

✳

Nun sticht man mit einem Eßlöffel Nocken ab oder formt runde
Klößchen, die in der vorsichtig kochenden Brühe gegart
werden.

✳

Dieses Rezept eignet sich auch vorzüglich zum Verarbeiten von
übriggebliebenen Hähnchen-, Hühner- oder Kalbsbraten-
resten.

Etwas kleiner geformt, sind die Klößchen eine schmackhafte
Suppeneinlage.

✻

Als Zwischenschüssel gereicht, kann man nach Belieben auch
eine passende Sauce dazu geben.

BUTTERTEIG FÜR PASTETCHEN UND TEIGTASCHEN

500 g Mehl
125 g Butter
2 ganze Eier
3 Stück Eigelb
3 - 4 Eßlöffel Milch
Prise Salz

*

Alle Zutaten kommen in eine nicht zu kleine Schüssel, wobei die Milch löffelweise zugegeben wird. Der Teig soll eine feste Konsistenz haben. Er wird mit dem Rollholz 4 - 5 mm dick ausgerollt und je nach Bedarf weiterverarbeitet.

KLEINE PASTETCHEN
VOM LACHS

4 Pastetchen vom vorgestellten Butterteig gebacken
300 g Lachsfilet ohne Haut
1 kleiner Bund Schnittlauch
2 Eßlöffel Creme fraiche
2 Eigelb
Saft einer halben Zitrone
70 g Butter
2 Sardellenfilets
Salz
1 Prise Cayenne-Pfeffer
4 Petersiliensträußchen

*

Das Lachsfilet wird in sehr feine Würfel, der Schnittlauch in
Röllchen geschnitten. Nun gibt man in die erhitzte Butter das
Lachsfleisch hinein und schwitzt es einige Minuten gar. Dann
wird der Schnittlauch und die Creme fraiche zugefügt und mit
den verquirlten Eigelben auf schwacher Flamme abgerührt.
Die feingehackten Sardellen sollen die arttypische Schärfe
erzeugen.

*

Wer den Geschmack der Sardelle nicht mag, würzt mit etwas
mehr Salz. In jedem Fall sollte man eine Prise Cayenne-Pfeffer
für den Feingeschmack zufügen.

*

Zum Schluß gibt man noch den Zitronensaft zu und rührt
vorsichtig durch. Das fertige sogenannte Salpigon wird in die
vorher gebackenen Pastetchen gefüllt, mit etwas Petersilie
garniert und sofort zu Tisch gebracht.

Mehlspeise von Kartoffeln mit Kochschinken

125 g Butter
5 Eier
250 g gekochte und gepellte Kartoffeln
100 g dicker Sauerrahm
150 g Kochschinken mit Fettrand
Salz
weißer Pfeffer aus der Mühle
50 g Speiseöl

✳

Die Butter rührt man mit den getrennten Eidottern zu Schaum.

✳

Die gekochten und von der Schale befreiten, kalten Pellkartoffeln werden auf einer Küchenreibe nicht zu grob gerieben.

✳

Den dicken Sauerrahm rührt man mit dem Schneebesen gut durch, so daß er eine schöne glatte Konsistenz hat.

✳

Nun kommen die Kartoffeln und der Sauerrahm zum Eieransatz. Zum Schluß wird der geschlagene Eischnee von den fünf Eiern untergehoben. Den sechsten Teil dieser Masse vermischt man mit dem sehr fein geschnittenen oder mit dem Fleischwolf durchgedrehten Kochschinken. Gewürzt werden die beiden Massen nur mit etwas Salz und weißem Pfeffer aus der Mühle.

Eine feuerfeste Form passender Größe wird mit etwas Speiseöl ausgestrichen. Nun werden mit dem Schlesinger schichtweise beide Massen in die Form gestrichen. Die Form wird zum Schluß mit Folie verschlossen und im Wasserbad in der Röhre bei ca. 200° C etwa 90 Minuten gegart.

*

Mit einem Holzspeiler sollte man prüfen, ob die Speise gar ist. Bleibt an dem eingestochenen Speiler nach dem Herausziehen keine Masse haften, ist die Speise fertig. Sodann kann die Speise vorsichtig auf eine Platte gestürzt und sofort zu Tisch gebracht werden.

RINDFLEISCH
IN SCHALOTTEN-WEIN-SAUCE

800 g Rinderschmorfleisch
150 g durchwachsener Speck
2 Eßlöffel Speiseöl
400 g Schalotten
1 Eßlöffel Weizenmehl
$^1/_2$ l trockener Rotwein
2 Eßlöffel Schmant
etwas Thymian,
Pfeffer und Salz

∗

Das Fleisch wird in ca. 5 cm große Würfel geschnitten, der
Speck in feine Würfel.

∗

Im Bräter wird das Öl erhitzt und der durchwachsene Speck
darin ausgebraten. Nun wird das Fleisch darin rundum gut
angebraten. Die gehäuteten Schalotten werden im Ganzen
zugegeben und durchgeschwenkt. Mit wenig Mehl wird ange-
stäubt, gut durchgerührt und durchgeschwitzt. Nach Geschmack wird Thymian zugegeben. Man sollte hier eher vorsichtig sein, denn insbesonders frischer Thymian hat einen
intensiven Eigengeschmack.

∗

Nun gibt man den Rotwein zu und schmort das Fleisch etwa
$1^1/_2$ Stunden. Zum Schluß gibt man den Schmant zu. Das
Fleisch sollte nun nicht mehr kochen. Eventuell zugegebene
frische Thymianzweige werden vor dem Servieren entnommen.
Mit Salz und Pfeffer wird nachgeschmeckt.

Als Beilagen bieten sich ganz hervorragend gebratene Kartoffelscheiben von Pellkartoffeln an. Ein gut abgeschmeckter Bohnensalat ist ein weiterer guter Begleiter dieses leckeren Gerichtes.

Pastinaken-Rahmgemüse
mit Kresse und
Tomatenfilets

600 g Pastinaken
1 kl. Schale Gartenkresse
150 g Tomaten
80 g Butter
1 kl. Zwiebel
100 g Kochsahne
30 g Weizenmehl
Salz
weißer Pfeffer

*

Die Pastinaken werden dünn geschält und in kleine Würfel
geschnitten. Diese werden in wenig Salzwasser gekocht oder
besser gedämpft. Die Garzeit beträgt etwa 20 - 25 Minuten.

*

Die Tomaten werden vom Stielansatz befreit, an der gegenüberliegenden Seite kreuzweise eingeschnitten und kurzzeitig
mit heißem Wasser überbrüht. So läßt sich die Haut leicht
abziehen. Die gehäuteten Tomaten werden halbiert, mit einem
Eßlöffel von den inneren Fruchtkammern befreit und in
schmale Filets geschnitten. Die Gartenkresse wird kurz über
den Wurzeln abgeschnitten und grob gehackt.

*

Nun wird die Hälfte der Butter mit dem Mehl verknetet, wäh-
renddessen die andere Hälfte in einer Kasserolle geschmolzen
wird.

Die in feine Würfel geschnittene Zwiebel wird zugegeben und glasig geschwitzt. Es wird die Kochsahne zugegeben und das Ganze gut durchgekocht. Die gegarten Pastinakenwürfel kommen dazu. Nachdem diese einmal aufgekocht wurden, gibt man die Tomatenfilets zu und zieht alles mit der verkneteten Mehlbutter ab. Zum Schluß gibt man die gehackte Kresse zu und schmeckt mit Salz und weißem Pfeffer ab.

*

Dieses Gemüse schmeckt besonders gut zu einer leicht gepökelten und gekochten Rinderschaufel. Man reicht es jedoch auch gerne zu Schlachtfleischspezialitäten vom Schwein.

Kranzkuchen

350 g Weizenmehl
6 Eier
$^1/_4$ l Milch
50 g Hefe
100 g geriebene süße Mandeln
150 g Rosinen
150 g Korinthen
200 g Zucker
abgeriebene Schale von zwei Zitronen
$^1/_2$ TL gemahlener Zimt
150 g Butter
1 Eigelb

✳

Zunächst werden die aufgeschlagenen Eier mit dem Mehl, der Milch und der zerbröckelten Hefe vermischt. Das Hefestück wird möglichst über Nacht an eine mäßig warme Stelle mit einer Serviette abgedeckt gestellt. Nach mehreren Stunden Garzeit wird der Teig auf einem bemehlten Brett durchgearbeitet und mit dem Rollholz etwa halbzentimeterstark ausgerollt.

✳

Rosinen, geriebene Mandeln und die Korinthen werden miteinander vermischt. Ebenso Zucker, geriebene Zitronenschale und der Zimt.

✳

Auf den ausgerollten Teig wird die weiche Butter aufgestrichen. Nun wird der Teig von allen Seiten mehrfach eingeschlagen und nochmals ausgerollt. Die nun entstandene Fläche wird mit dem Gemisch aus Rosinen, Mandeln und Korinthen gleichmäßig bestreut.

Jetzt wird der Teig zur Rolle geformt, die dann zu einem Kranz gefügt wird. Der Kranz wird mit dem verquirlten Eigelb bestrichen, mit dem Zucker-Zimt-Zitronenschale-Gemisch bestreut und bei ca. 200° C im vorgeheizten Ofen gebacken, nachdem man den Kranz nochmals etwa 1 Stunde an einem zugfreien Ort aufgehen ließ. Die Backzeit beträgt etwa 35 - 40 Minuten.

Rehrücken, Spargel
und 1600 Briefe
für Charlotte von Stein

In seinen ersten Weimarer Jahren wurde Goethe ganz besonders, und das ist auch im Hinblick auf sein Eßverhalten wichtig, von einer Dame am Hofe des Herzogs Karl August angezogen und geprägt.

Als Goethe die Hofdame Charlotte von Stein kennenlernte, war diese bereits 33 Jahre alt, mit einem Hofstallmeister verheiratet und hatte bereits sieben Kinder zur Welt gebracht.

Es entwickelte sich eine innige Beziehung zwischen den beiden, die ihren Ausdruck unter anderem in einer wahren Briefflut fand. Goethe schaffte es, obwohl sie nur wenige hundert Meter entfernt in Weimar wohnte, ihr im Laufe der Jahre etwa 1600 Briefe zu schreiben, die erhalten geblieben sind. Charlotte verlangte von Goethe nach dem Bruch mit ihm ihre Briefe zurück. Angeblich soll sie sie vernichtet haben. Dieser Briefverkehr macht deutlich, daß die Beziehung, über die immer wieder spekuliert, getratscht, vermutet wurde, nicht nur sehr intensiv war, sondern daß in diesem Verhältnis das gemeinsame Speisen und das Essen allgemein eine zentrale Rolle einnahm. Hier wird man den Satz „Liebe geht durch den Magen" wahrlich bestätigt finden können.

„Goethe lieferte viele Erzeugnisse seines Gartens in Charlottens Küche, desgleichen seine Anteile von den fürstlichen Jagden: Hasen, Rebhühner, Fasane, Schwarz- und Rotwild, ebenso das Kommißbrot, das er als Vorsteher der Militärbäckerei erhielt; Charlotte dagegen hatte den Freund oft bei Tische, mittags oder abends. ‚Frühmorgens nehme ich mir vor, zu Hause zu bleiben, und bestelle mein Essen', so begann eins seiner Zettelchen, ‚wenn's gegen Mittag kommt, zieht mich das alte Verlangen nach Ihnen.' Regelmäßig aber stellte er sich ein, um halb acht kam er über den Hof und die Treppe hinauf; dann aßen und plauderten sie, und den Zapfenstreich hörten sie fast jeden Abend noch zusammen. Eine Schwägerin Charlottens wollte bei ihr einmal mit Goethe reden. ‚Komme bald nach Tisch oder auch zu Tisch', riet ihr Frau v. Stein; ,aber pàr hazard könnte es vielleicht sein, daß Du Goethen nicht treffest, denn des Tages geht er seinen Geschäften und Vergnügen nach, und nur meistens abends beim Nachtessen hält er bei mir eine Stunde Ruhe.'" (W. Bode, Goethes Liebesleben, S. 223, 224)

Bereits in einem seiner ersten Briefe teilt Goethe Charlotte mit, daß er Weinsuppe gegessen habe.

„So gehts denn liebe Frau durch Frost und Schnee und Nacht. Es scheint sich unser Beruf zu Abentheuern mehr zu bekräftigen. Ein Bisgen ungern bin ich aufgestanden denn um 12 erst kam ich zu Bett. Es ist mir als wenn mich's muntrer machte Ihnen zu schreiben, denn gewiss wenn's nach Kochberg ginge wär ich muntrer. - - Ich habe meine Weinsuppe gessen - liebe Frau ich weis auch Zeiten wo ich früh aufgestanden bin, und aufwachen und aufspringen eins war - aber wenn ich in der weiten Welt nichts aufzutreiben weis als Hasen. - Ich versäume mein Anziehen - Und wenn ich's nicht als Vorbild künftiger Abentheuer ansähe, und der Mensch nun doch einmal nichts taugt der nicht geschoren wird - Es ist fünfe denken Sie an mich und Ade." (16. Januar 1776)

Die Beziehung von Charlotte von Stein und Johann Wolfgang Goethe entwickelte sich allmählich dahin, daß den Briefen Liebesgaben in Form von Naturalien beigegeben wurden. Bereits am 6. Februar 1776 erhielt Charlotte ein Ragout geschickt.

„Hier noch zur guten Nacht, ein Ragout. - Allerley - bewürzt - ! Sie fühlen mit was!"

Am 6. Oktober 1776 schickte Goethe Blumen und Pfirsiche.

„Gestern bracht ich Ihnen Blumen mit und Pfirsichen, konnts Ihnen aber nicht geben wie sie waren, ich gab sie der Schwester."

Die Kombination von Blumen und Essen scheint als Liebesgabe sehr beliebt gewesen zu sein. Jedenfalls fuhr möglicherweise Charlotte darauf ab.

„Ich hab heute einen schönen Tag gehabt und versucht wie's thut Sie nicht zu sehn. Dafür haben Sie denn zwey Gesandschafften des Tages. Morgens Blumen und Abends Würste. Philip wird mit der Köchinn Conferenz halten. Ich sizze an meinem einsamen Feuer und habe Sie sehr lieb." (4. Februar 1777)

Eine Woche später variierte Goethe eine solche Geschenkkombination, indem er sich gleichzeitig einlud. Er schickte „aus Schnee und dichtem Nebel freundliche Blumen", bat aber gleichzeitig um eine kulinarische Gegenleistung. „...und vielleicht gar zu Ihnen kommen und um einen Bissen Nachtisch bitten." (11. Februar 1777)

Ganz besonders stolz war Goethe auf seinen eigenen Garten, zunächst auf den am Gartenhaus an der Ilm, später dann auf den Garten hinter seinem Haus am Frauenplan. In diesen Gärten wuchsen zahlreiche Blumen, aber auch die Funktion als Nutzgarten ist von Bedeutung. Nämlich mit den Produkten, die er in seinen Gärten erntete, konnte er Charlotte von Stein stark beeindrucken. Besonders, wenn die Spargelsaison war, gingen die Stangen kiloweise ins Haus der Familie Stein. Dabei konnte es schon mal passieren, daß der *Spargel* mit Billet als Morgengruß überbracht wurde. „Guten Morgen mit Spargels. Wie ist's Ihnen gestern gegangen. Mir hat Philipp noch einen Eyerkuchen gebacken und drauf hab ich mich in blauen Mantel gehüllt auf die Altan, an den Boden in ein trocken Winckelgen gelegt und im Bliz, Donner und Regen herrlich geschlummert, daß mir sogar mein Bett nachher fatal war. Wenn Stein noch zu Haus ist, sagen Sie ihm ich möchte gern das neue Pferdgen stallmeisterlich ausreiten er möchte es doch satteln lassen und mir's schicken und wenns nicht zuwider wäre mich abholen. Zu Tisch komme ich wohl liebstes." (3. Mai 1777)

Es gab natürlich Spargellieferungen ohne Selbsteinladung zum Essen, aber diese waren eher selten.

„Hier Spargel liebste Frau. Ein Wort wies Ihnen geht und ob Sie mich nach Tische wollen. Ich will mit den Burschen essen der Zerstreuung willen. Adieu." (2. Mai 1780)

Es konnte natürlich auch passieren, daß Charlotte den gemeinsamen Spargeltermin nicht einhalten konnte. Aus dem folgenden Brief ist daher auch Goethes Enttäuschung abzulesen.

„Sehr ungern verzehr ich meinen Theil Spargel alleine, das kommt aber daher wenn man sich ganze Tage nicht sieht. Mein Morgen war zwischen Ackten dem Messias und Bolgstädten getheilt. Mittags war ich beym Misel, dann stellte ich einen Ritter fast im Gusto von Takanno vor, denn ich war prächtig vom Theater trödel, darauf tanzt ich, und da es im Thal doch sehr schön doch sehr feucht ist sucht ich Sie auf doch fand Sie nicht.

Gute Nacht! Es kommt herbey Ihr Anteil Spargel, nebst anderen Raritäten aufs Fest." (13. Mai 1780)

Bei so vielen Spargelsendungen an Charlotte von Stein ist es nicht verwunderlich, daß die Bestände des eigenen Gartens nicht mehr ausreichten. So war Goethe gezwungen, vor allem auch dann, wenn er unterwegs war, Spargel zuzukaufen.

„Heut reiten wir gegen Gotha zu und essen in Dietendorf. Christoph soll sehen ob er Spargel auftreiben kan und sie Ihnen schicken. Laden Sie jemand guts drauf ein und denken mein. Dass nur nicht etwa Knebel im Unmuth gegen den Prinzen herausfährt, ich möchte nicht dass ich Gelegenheit zu einer Scene gäbe. Suchen Sie's ruhig zu halten bis ich komme. Grüsen Sie den Herzog! Des Stadthalters Schecken sind sehr schön, und alles ist hier in Blüte und Trieb. Morgen Abend wird getanzt, es wird ja wohl hübsche Misels geben. Grüsen Sie Steinen. Lieben Sie mich, es ist mir zur Nothdurft worden." (3. Mai 1780)

Aber Goethe besuchte nicht nur Charlotte von Stein in deren Haus, auch sie und ihre Kinder waren häufig bei Goethe zu Gast. Vor allem der Garten hatte es den Kindern angetan.

„Sie besuchten ihn häufig in seinem Garten, spielten darin herum, blieben auch wohl einmal zur Nacht, nur ein herrliches Gewitter abzuwarten und unterdessen recht viel Eierkuchen zu essen." (W. Bode, Goethes Leben im Garten am Stern, S. 109)

Carl von Stein, einer der Söhne von Charlotte von Stein, schrieb über Goethe: „Goethe kaufte sich bald an, nämlich einen Garten nebst bewohnbares Gartenhaus, an dem Fahrweg über die Wiesen nach Oberweimar führend gelegen. Da er aber noch keine Wirtschaft hatte, so aß er gewöhnlich in meinem Elternhaus mit meiner Mutter. Seinen Wein brachte er stets mit, nach welchem er selbst in seiner Ausdünstung etwas wie alter Rheinwein roch."

Während heutzutage der Genuß von Kaffee zur Selbstverständlichkeit geworden ist und gerade geistige Tätigkeit und der Koffeingenuß fast untrennbar zusammengehören, ist die Abneigung von Goethe gegenüber Kaffee, aber auch Schokolade, allgemein bekannt. Bereits während seiner Leipziger Studentenzeit schrieb er dem Kaffee die Ursache für seinen kränkelnden Zustand zu. Aber nicht nur Goethe selbst verachtete den Kaffee, auch seine Freundin Charlotte von Stein versuchte er vom Kaffeegenuß abzubringen. Aus Ilmenau schrieb er ihr am

SPARGELSALAT MIT BÄRLAUCH-KRESSE-VINAIGRETTE

500 g Stangenspargel
100 g Traubenkernöl
2 EL Weinessig
3 EL feingehackte Gartenkresse
3 EL feingehackter Bärlauch
4 ganze Blätter vom Bärlauch
1 EL fein gehackte Zitronenmelisse
3 EL trockener Weißwein
Salz
Pfeffer
Muskat
Zucker
8-12 Scheibchen Stangenweißbrot

*

Zuerst wird der Spargel gründlich geschält, sehr schräg in
etwa 3 cm lange Stücke geschnitten und etwa 12-15 Minuten
im Salzwasser, dem man eine Prise Zucker zugesetzt hat,
bißfest gegart.

*

Nach dem Garen gibt man den Spargel in kaltes Salzwasser,
dem man möglichst noch einige Eiswürfel zugegeben hat.

*

Aus Essig, Wein, den gehackten Kräutern und dem Öl wird die
Salatsauce bereitet, die man nach Geschmack mit Salz,
weißem Pfeffer, Muskat und nach Belieben mit einer Prise
Zucker gewürzt hat.

Auf den Tellern wird je ein gewaschenes Bärlauchblatt bis zum Tellerrand ausgelegt. In der Mitte des Tellers werden die Spargelstücke gefällig in Häufchenform angerichtet. Obenauf gibt man mit einem Löffel je ein Viertel der gut verrührten Salatsauce.

*

Dazu reicht man etwas ofenwarmes Stangenweißbrot.

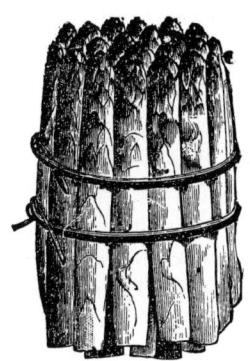

31. August 1777:

„Ich habe immer noch von Ihrem Bisquitkuchen und hoffe, daß Sie keinen Kaffee mehr trincken."

Aber auch der Schokolade war Goethe zunächst nicht unbedingt zugetan. So bekam er von Charlotte von Stein eine Schokolade geschenkt. Als Antwort schickte er ihr ein Briefchen mit folgender Anmerkung: „Dancke für die Schokolade, von Ihren Händen nehm ich auch wohl was schädlich ist." (2. August 1778) Auf der anderen Seite wollte Goethe am Pfingstsonntag des Jahres 1780, als er Besuch bekam, diesem etwas ganz besonderes vorsetzen und erinnerte sich an Charlottes Schokolade. Ein Brief wurde zu Frau von Stein gebracht, der folgenden Wortlaut enthielt: „Haben Sie die Güte mir drey Schokolade Tassen zu schicken und auf 3 Personen Schokolade. Ich kriege Besuch." (14. Mai 1780)

Ob Goethe die Schokolade erhielt, ist nicht überliefert.

Trotz seiner Abneigung dem Kaffee gegenüber war seine Liebe zu Charlotte von Stein stärker. Verliebt und überschwenglich wie er war, versprach er Charlotte, extra für sie Kaffee aus Alexandrien zu organisieren.

Während seiner Italienreise schrieb er ihr:

„Es regnet und ich sitze am Camin, wann werd ich dir an dem Meinigen wieder Thee vorsetzen.Da ich dir Caffee von Alexandrien versprach, dachtest du wohl nicht daß ich ihn selbst in Venedig hohlen würde. Ich habe schon an verschiednen Orten gefragt und durch Kundige fragen laßen, noch aber trau ich mich nicht, ich muß ganz gewiß seyn. Der welchen ich gesehen, sollten 7 Pfd. einen Dukaten gelten, das wäre nicht viel. Freylich macht der Transport bis in das mittelländische Thüringen noch etwas aus, genug aber du sollst dessen haben."

Wenige Tage später erhielt Charlotte von Stein einen weiteren Brief:

„Nun meine liebste muß ich schließen. Morgen geh ich ab, und dieses Paket auch. Des Sehens bin ich müde und überdencke mir in der Stille das Vergangne und was bevorsteht.

Die Beylagen und Zeichnungen hab ich den Kasten gethan der den Kaffee bringen wird. Es ist der ausgesuchteste von Alexandrien den man hier haben kann. Du erhälst 25 Pfd., davon gieb 5 der regir[enden] Herzoginn mit den schönsten Empfehlungen und 5 an Herders das übrige behalte für dich. Schmeckt er; so kann ich mehr verschaffen."

In den Briefen, die Goethe an Charlotte von Stein schrieb, spiegeln sich ganz besonders auch die saisonal ausgerichteten Gerichte, die an die Jahreszeiten gebunden waren, wider,.

So war es etwa üblich, im November in Weimar, sofern man es sich leisten konnte, zu Martin die traditionelle *Martinsgans* zu verzehren. So schrieb Goethe an Charlotte von Stein:

„Gestern war ich in Ettersburg. Herzoginn Louise war da und die Waldner. Wie ists Ihnen bey der Martins Gans gangen? Sind Sie heute zu Haus? Schicken Sie mir: Jägers Nachtlied, und Süser todt, und die gedruckten, wo: Grabet in die junge Linde, dabey ist. Ich bring auch wieder ein lieblich lied von ihm mit." (11. November 1777)

Die Wintermonate waren die Monate, in denen besonders Wild auf den Tisch kam.

Aus dem November des Jahres 1780 sind folgende Goethe-Briefe von Interesse:

„Soll ich auf heut Abend noch den Rehbraten zurecht machen lassen. Nachmittage will ich spazieren lauffen. Wie befinden Sie Sich. Ich bin fleisig in allem Sinn." (27. November 1780)

„Wenn Sie mögen lass ich den Rehrücken braten und bring ihn zu Ihnen dass wir ihn zusammmen verzehren. Wollen Sie einen Gast dazu bitten?" (29. November 1780)

„Ich wills doch erzwingen dass Sie von meinem Rehrücken essen sollen. Gesegnete Mahlzeit an die ganze Gesellschaft." (30. November 1780)

Neben Rehbraten spielte auch anderes Wildbret eine Rolle, beispielsweise Feldhühner und *Fasane.*

„Wir müssen einander in Sprachen und allem forthelfen. Dancke, recht sehr. Darf ich heut mit Ihnen ein Feldhuhn verzehren? Hier ist ein Billet das sich zu mir verlohren. Es freut mich dass man nicht glaubt Sie könnten wo anders hin schreiben." (2. Dezember 1780)

„Ich soll nicht zu den Feldhühnern kommen. Man hat mich nach Hofe zitirt. Heut Abend kommen Sie ja wohl auch hinauf. Adieu beste. Der Sonntag ist mir kein Ruhetag." (3. Dezember 1780)

„Wenn Sie mich mögen, so sollen nach 1 Uhr zwey gebratne Feldhühner ankommen, die wir zusammen verzehren wollen in Friede und Eintracht. Ich hoffe, das Conseil soll nicht lang

Gefüllte Martinsgans

1 ausgenommene Gans (4 - 5 kg)
400 g entkernte Äpfel
200 g entsteinte Backpflaumen
100 g geriebenes, getrocknetes Vollkornbrot
4 cl Weinbrand
0,1 l Sahne
1 EL Weizenmehl
1 EL Weizenpuder
1 EL Zucker
Salz
Pfeffer
und etwas Zimtpuder

*

Die gewaschene und ausgetrocknete Gans wird nur von innen
gesalzen und gepfeffert. Aus den in grobe Stücke geschnittenen Apfelvierteln, den in etwa ebenso groß geschnittenen
entsteinten Backpflaumen und der Vollkornkrume wird eine
Masse hergestellt, die mit dem Zucker, dem Weinbrand und
nach Geschmack mit Zimt abgeschmeckt wird.

*

Das Ganze wird in die Gans gefüllt, die dann mit Holzspeilern
zugesteckt oder mit Faden zugenäht wird.

*

Nun wird in einen Gansbräter etwa 0,5 l Wasser und danach
die Gans hineingegeben. Bei ca. 200° C brät man die Gans im
Backofen unter häufigem Begießen mit dem Bratensatz an.
Damit das Fett gut ausbraten kann, empfiehlt es sich, die Haut
um die Keulen mit der Fleischgabel mehrfach einzustechen.

Wenn sich die Keulen mit zwei Fingern mühelos und ohne spürbaren Widerstand eindrücken lassen, wird die Temperatur kurzzeitig auf etwa 250° C Oberhitze erhöht, um nach nochmaligem Übergießen die knusprige Bräune zu erzeugen.

✻

Der Bratenfond wird mit Wasser auf die gewünschte Saucenmenge aufgefüllt. Das Fett schöpft man vor dem Binden mit dem angerührten Mehl und Weizenpuder ab. Die Sauce wird gut durchgekocht, anschließend durch ein Sieb passiert und mit der Sahne verfeinert. Nachgeschmeckt wird die Sauce mit den verwendeten Gewürzen.

✻

Die Gans wird im Ganzen zu Tisch gebracht und vor den Gästen zerlegt.

GEBRATENER FASAN
IM WIRSINGBETT

1 küchenfertiger Fasan
200 g sehr dünn geschnittene Speckplatten
vom fetten Räucher-Speck
120 g Butter
400 g geputzter, feingeschnittener Wirsing
0,1 l trockener Weißwein
100 g feingeschnittene Zwiebelwürfel
0,1 l kräftige Rinderbrühe
1 Eßlöffel Maisstärke
1 kleiner Zweig Liebstock
Pfeffer
Salz

*

Der küchenfertig vorbereitete Fasan wird innen und außen mit
einer Pfeffer-Salz-Mischung gewürzt und rundum mit den
vorbereiteten Speckplatten umhüllt. Mit etwas Küchenfaden
wird der Fasan nun eingebunden.

*

In der geklärten und von der Molke befreiten Butter wird der
Fasan angebraten und häufig mit dem Bratfett begossen.

*

Parallel dazu wird der in feine Streifen geschnittene Wirsing im
kochenden Wasser kurz abgewellt und dann in einer separaten
Pfanne mit der Brühe, dem Weißwein und mit den in etwas
Bratfett glasig gedünsteten Zwiebelwürfeln angesetzt. Der
Liebstock wird nach Geschmack in feine Streifen geschnitten
zugegeben.

In der vorgeheizten Röhre läßt man den Wirsing dann etwa 30 Minuten garen.

*

Danach wird der vorgebratene Fasan zugegeben und zwar so, daß er mit Wirsing umhüllt ist. Nun wird selbiger bei geringer Hitze fertiggegart.

*

Vor dem Anrichten nimmt man den Fasan heraus und zerlegt ihn in Portionsstücke. Den Wirsing bindet man mit wenig angerührter Maisstärke leicht und richtet ihn mit den tranchierten und entbeinten Fasanstücken appetitlich an.

*

Kartoffeln in verschiedener Zubereitung können gute Begleiter sein.

dauern, denn es ist nicht viel da. Nur ein Wörtgen Antwort. Adieu beste." (19. Januar 1781)

Am 3. Februar 1781 schrieb Goethe folgendes Billet an Charlotte von Stein:

„Sagen Sie mir wie Sie geschlafen haben. Ich soll heute zu Haus bleiben, und wenn Sie Sich nicht meiner annehmen, hab ich einen betrübten Tag vor mir. Recht lieb wären Sie wenn Sie zu Mittag bey mir essen wollten, ich lies Ihnen einen Phasan braten. Sie brächten mit wen Sie wollten. Sagtens Knebeln und so würde es hier in der Einsamkeit lebendig. Vielleicht käme der Herzog ein wenig und Sie steckten den Cinna ein. Adieu. Ich muß mich ruhig halten sehe ich wohl. Es will nicht recht mit mir fort." (3. Februar 1781)

Die Wintermonate war in Weimar auch die Zeit der Schlachtungen. So gibt es zahlreiche Briefe, die auf Schlachtprodukte hinweisen. Am 25. Februar 1778 bittet Goethe um seine Schwartemagen und eine Bratwurst („... Ihr gestrig Zettelgen kriegt ich durch Versehn erst heut früh. Hier schick ich etwas von den frühzeitigen Fröhlichkeiten der Welt. Möchten Sie die Blumen recht freundlich ansehen. Nach Tische komm ich wohl, schicken Sie mir durch überbringern meinen Schwartenmagen und eine Bratwurst. Mein Meelkasten ist gestern angekommen und macht mir grose Freude auch sind der schönsten Weinfächser von Frankfurt gekommen die ich an der Vorderseite meines hauses anpflanzen will. Ade Gold."), am 31. Januar 1781 schickt Goethe Schweinekopf und Schweinerücken („... So will ich Ihnen noch einen guten Abend an den Schreibtisch legen lassen, dass Sie mein gedencken wenn Sie nach hause kommen. Auch schick ich das Schweinsköpfgen und Rückgen. Es ist gar nicht als wenn ich Gäste haben mögte. Laden Sie sich jemand drauf der Ihnen lieb und vergessen mich nicht dabey. Adieu beste allerliebste."), am 24. Februar 1781 gibt es zu einem Schweinskopf auch noch Brottribut („... Knebel hat mich zu Tische geladen, sonst wär ich in Versuchung zu Ihnen zu gekommen. Haben Sie wohl geschlafen? und sind Sie mit Ihrem Wirthe zufrieden? Um welche Zeit kann ich Sie heut Abend sehen, oder haben Sie sonst etwas vor? Ich schicke den gewöhnlichen Brodtribut und den Schweinskopf. Adieu beste.").

Außer den Schlachtpaketen gab es aber auch Eingemachtes. Im Januar 1778 schickte Frau von Stein eingemachte Früchte.

In einem Antwortschreiben bedankt sich Goethe.

„Es ist doch hübsch von Ihnen dass Sie den den Sie nicht mehr lieben doch mit eingemachten Früchten nähren wollen. Dafür danck ich. Obs gleich aussieht als wenn Sie mir Gerichte schickten damit ich nicht kommen solle Sie bey Ihnen zu verzehren."

Die Sendung von Nahrungsmitteln war für Goethe häufig auch Mittel zum Zweck. Denn gleichzeitig mit der Lieferung von Braten war oftmals auch eine unverblümte Einladung zum Essen verbunden.

„Ich habe großes Verlangen mit meiner Geliebten zu essen ich werde deswegen den Überrest des Ferkels schicken damit er auf dem Roste aufgebraten werden kann." (8. August 1782)

Als Antwort schickte Charlotte am folgenden Tag einen Kuchen, der Goethe zu folgender Antwort veranlaßte:

„Gegen deinen Kuchen kann ich dir nur Commißbrod schicken, aber Liebe gegen Liebe." (9. August 1782).

Das gegenseitige Schicken von Lebens- und Genußmitteln war bei Goethe und Charlotte von Stein ein Ausdruck ihrer intensiven liebevollen Beziehung. Diese Zuneigung ging soweit, daß Goethe seine *Bouillon* am liebsten aus einer Tasse trank, die ihm Charlotte geschenkt hatte.

„Aus Ihrer Tasse trinck ich Bouillon und schicke Ihnen in dem erwünschten Regen aufgeblühte Blumen." (13. Juni 1779)

Die Palette der Nahrungsmittel, die sich Goethe und Charlotte von Stein gegenseitig schickten, reicht von Obst aus dem Garten wie Erdbeeren, Äpfel und Spargel über Wildbret wie Schnepfen, Feldhühner, Rehbraten und Braten wie Sauerbraten („... Ich dachte nicht dass Sie mir entgehen könnten, drum kam ich halb achte wieder wie die Tauben zum gewohnten Futter. In Ihrer Abwesenheit lass ich mir doch etwas Sauerbraten hohlen, und geb Ihnen dagegen eine gute Nacht. Adieu. Grüsen Sie Steinen.") (25. Mai 1780) bis hin zu Nachspeisen und Kuchen.

In einem Brief warnt Goethe Charlotte vor der Qualität seines Bratens: „Der Braten den ich Ihnen schicke, wird von härtlicher Natur seyn. Vielleicht wärd er am besten in einer Pastete. Entscheiden Sie das und lassen mich möglich noch genießen. Adieu beste! wenn er nur Worte gäbe Ihnen zu sagen wie ich Sie liebe und eine Dinte sie zu schreiben. Adieu! Adieu!" (4. März 1781)

Es gab wohl kaum eine Woche, die verging, in der nicht Post wie

Französische Geflügelbouillon mit Markklösschen und einem enthäuteten Hühnerbein

**1 1/2 Liter klare Hühnerbouillon,
zubereitet aus 500 g Hühnerklein
und vier Hühnerschenkeln
80 g Rindermark
100 g feines Semmelmehl
1 Ei
1 Eigelb
50 g geriebener Parmesankäse
Salz
Muskat**

✳

Die Geflügelbouillon wird traditionell hergestellt, häufig
abgeschäumt und langsam köchelnd auf die angegebene
Menge reduziert. Sie sollte schön klar sein.

✳

Die Hühnerschenkel werden in der Suppe gegart. Im Gelenk
trennt man die Unterschenkel ab, enthäutet sie und umwickelt
den Röhrenknochen mit etwas Silberfolie. Die Unterschenkel
werden heiß gestellt und kommen später als Einlage in die
Suppe.

Das restliche Fleisch wird von Haut und Knochen getrennt und in gefällige Würfel geschnitten.

Das Rindermark wird gehackt und in einer Pfanne ausgelassen sowie wieder vom Feuer genommen. Dazu gibt man das fein gesiebte Semmelmehl, Eigelb und Vollei, den geriebenen Parmesankäse und würzt mit Salz und geriebener Muskatnuß. Aus der Masse formt man kleine Klößchen und gart diese unterhalb des Siedepunktes in etwas Brühe.

*

Die Suppe wird auf Suppentellern angerichtet, indem man die Klößchen gleichmäßig verteilt, je ein gehäutetes Hühnerbein so auflegt, daß der in Folie gehüllte Knochen über den Rand reicht und mit der Bouillon auffüllt.

Bouillon-suppe mit Champignons und Graupen

150 g noch fest geschlossene Champignons
50 g verputzter Sellerie
und zwei kleine Herzblätter vom Sellerie
50 g Kochsahne
2 Eigelb
1 Brötchen
80 g Butter
50 g Perlgräupchen
$1^1/_4$ l kräftige Rindsbouillon
Salz
geriebene Muskatnuß

*

Die geputzten und gewaschenen Champignons werden in feine
Scheiben geschnitten und so lange in der Hälfte der Butter
geschwitzt, bis ihr eigener Saft eingekocht ist. Dann wird die
Bouillon aufgegossen sowie der in sehr feine Würfel geschnittene Sellerie und seine Herzblättchen zugegeben.

*

Das Ganze läßt man ca. 10 Minuten langsam kochen und zieht
es dann vom Feuer.

*

Inzwischen verquirlt man die Eigelbe mit der Kochsahne, mit
denen man dann unter ständigem Rühren die heiße Suppe
legiert. Die vorher in ein wenig Brühe separat gekochten
Perlgräupchen gibt man anschließend in die legierte Suppe
und schmeckt mit Salz und etwas geriebener Muskatnuß ab.

Vom Brötchen werden acht nicht zu dicke Scheiben geschnitten, die man in der Pfanne in der ausgelassenen Butter knusprig röstet. Diese knusprigen Scheiben gibt man jeweils zu zwei Stück in einen tiefen Teller und begießt sie mit der heißen Suppe.

Billets und Päckchen von Goethe zu Frau von Stein und umgekehrt geschickt wurden. Dabei entwickelten sich Lebensmittel und Gerichte, die geschickt wurden, immer mehr als Liebesgaben und zu Symbolen ihrer Zuneigung.

„Ihr Packet erhalt ich im Kloster, wo ich an diesem anmutigen Morgen schon lange auf den gehofften Boten laure. Die Aepfel sind mir sehr willkommen denn es mangelte mir am Frühstück. In Ihr Geschenck will ich mich kleiden wie in Ihre Liebe. Es ist so schön daß ich wünschte Sie kämen nachher einen Augenblick herunter. Zu Tische werden Sie wohl Ihren immer getreuen Gast haben." (4. März 1781)

Da konnte es schon einmal passieren, daß bei solch vielen Sendungen keine Transportbehältnisse mehr vorhanden waren. So forderte Goethe einmal einen Korb an:

„Hier sind freundliche Blumen Sie für meine stumpfe Gesellschaft zu entschädigen. Wenn Sie jemand mit einem Korbe schicken wollen sollen Sie noch mehr haben, auch Radiesgen und Salat." (26. März 1778)

Die kulinarische
Überraschung in Kötschau

A m 11. Dezember des Jahres 1780 waren einige Damen des Weimarer Hofes, unter ihnen Charlotte von Stein, zu einer fürstlichen Tafel nach Jena eingeladen. Auf halber Strecke, in dem Dorf Kötschau, wurden die Damen im Auftrag Goethes aufgehalten. Philipp Seidel, Goethes Diener, reichte den Damen einen, heute würde man sagen, „Freß- oder Präsentkorb". Beigelegt waren die folgenden Zeilen:

Aus Kötschau's Toren reichet euch
Ein alter Hexenmeister
Konfekt und süßen rothen Wein
Durch einen seiner Geister.

Der sollt', wenn er nicht heiser wär
Euch auch dieß Liedchen singen,
Doch wird er einen holden Gruß
Von mir euch überbringen.

Kein Wetter kann der arme Tropf
Am hohen Himmel machen,
Sonst sollt' euch Sonne, Mond und Stern
Zu eurer Reise lachen.

Genießet, weil ihr süße seid,
Auch etwas Süßes gerne,
Und denkt bei Scherz und Fröhlichkeit
An einen in der Ferne.

Der gerne möcht', mit mancher Lust
Euch Schönen zu vergnügen,
An jedem Wege, in jedem Busch
Im Hinterhalte liegen.

„Essen und Trinken, mein ich, ist des Menschen Leben. - Wenn ihr gegessen und getrunken habt, seid ihr wie neu geboren; seid stärker, mutiger, geschickter zu eurem Geschäft." (Götz A1, Herberge im Wald)

Goethe auf Reisen
Andere Länder, anderes Essen

Wenn Goethe auf Reisen ging, so bedeutete das für ihn in kulinarischer Hinsicht oftmals Umstellung und Einschränkung.

Ganz besonders deutlich wird dieses bei seinem Aufenthalt in Frankreich. Aus dem Lager bei Longwy schrieb er am 28. August 1792 an Christiane:

„Alle Lebensmittel sind rar und teuer, alles rührt und regt sich, um sich seine Existenz nur ein wenig leidlicher zu machen. (...) Behalte mich recht lieb, sorge für Haus und Garten, grüße Herrn Meyer, und küsse den Kleinen und iß Deine Kohlrabi in Frieden."

Im Gegensatz zu seinem Frankreichaufenthalt waren seine Italienreisen schon kulinarisch erfreulicher.

In einem Brief aus Italien schrieb Goethe an Charlotte von Stein: „Ich lebe sehr mäßig, den roten Wein der Gegend, schon von Tirol her, kann ich nicht vertragen; ich trinke ihn mit viel Wasser, wie der heilige Ludwig."

Aber auch erstaunliche Beobachtungen kennzeichnen Goethes Italienreise. So gibt es immer wieder neue Dinge zu entdecken und kulinarisch Unbekanntes zu probieren. Am 13. September 1786 schreibt Goethe in einem Brief über Torbole am Gardasee:

„Köstliche Forellen (Trutte) werden bey Torbole gefangen, wo der Bach vom Gebürge kommt und der Fisch den Weg hinauf sucht. Der Keyser erhält von diesem fang 10/m f. Pacht.

Es sind keinen eigentliche Forellen, sie sind bis auf 50 Pfd. schwer, über den ganzen Leib bis auf den Kopf puncktirt. Der Geschmack ist zwischen Forelle und Lachs, sehr zart und trefflich.

Mein eigentlich Wohlleben ist aber in Früchten; Feigen ess ich den ganzen Tag. Du kannst dencken daß die Birn hier gut seyn müßen wo schon Zitronen wachsen."

Auf seinen Italienreisen erwies sich Goethe als guter Beobachter, der die Unterschiede im Eß- und Trinkverhalten zwischen Italienern und Deutschen herauszustellen versuchte.

„Sobald nur der Tag aufging vom Brenner herunter bemerckte ich eine sonderbare Veränderung der Gestalt. Besonders die Weiber hatten bräunlich bleiche Farbe, elende Gesichtszüge und die Kinder eben so und erbärmlich anzusehen. Die Männer waren ein wenig besser, die Bildung übrigens regelmäßig und gut ich suchte die Ursache und glaubte sie im Gebrauch des Mays und des Haiden zu finden. In diesen Gedancken bin ich immer mehr bestärckt geworden. Der Meys den sie auch gelbe Blende nennen, weil seine Körner gelb sind, und die schwarze Blende werden gemahlen das Meel in Wasser gekocht daß es ein dicker Brey wird und so gegessen. Die *Deutschen*, das heist überm Berge, rupfen den teig wieder auseinander und braten ihn in Butter auf; aber der Wälsche Tyroler isst ihn so weg, manchmal Käse drauf gerieben und das ganze Jahr kein Fleisch, nothwendig muß das alle Gefäse verkleben und verstopfen, besonders bey kindern und Frauen, und die ganze kachecktische Farbe kommt daher. Ich fragte ob es nicht auch reiche Bauern gebe? - Ja freylich - Thun sie sich nichts zu gute? essen sie nicht besser? - Nein, sie sind es einmal gewohnt - Wo kommen sie denn mit ihrem Gelde hin? was machen sie sonst für Aufwand? - O die haben schon ihre Herren die es ihnen wieder abnehmen! -

Das war die Summe des Gesprächs mit meiner Wirthstochter einem recht gutem Geschöpfe.

Sonst essen sie auch noch Früchte und grüne Bohnen die sie in Wasser absieden und mit Knoblauch und Oel anmachen.

Die Leute die mir aus der Stadt begegneten sahen wohler aus und an hübschen vollen Mägden Gesichtern, auf dem Lande und in kleinen Städten fehlte es auch nicht ganz, doch machten sie eine Ausnahme."

In Venedig war Goethe von dem Fischmarkt stark beeindruckt.

„Der Fischmarkt und die vielen Seeprodukte machen mir Vergnügen ich gehe oft drüber und beleuchte die unglücklich aufgehaschten Meeresbewohner."

Besonders die Tintenfische hatten es Goethe angetan.

„Es wird der Dintenfisch hier viel gegeßen, ich habe mir von der schwarzen Feuchtigkeit geben laßen und will ihrer noch mehr nehmen. Diese laß ich in den Muscheln eintrocknen und schicke sie dir, Du brauchst davon und hebst mir auf, ich bringe dessen zusammen soviel ich will. Die Farbe ist ganz schwarz, mit Wasser vermischt ein wenig grißelich, wird aber mit Bister gut thun. Man muß nun versuchen und ich will mich erkunden ob sonst noch etwas dabey zu bedencken und zu thun ist."

Jedoch nicht immer traf das Essen, das Goethe in Italien vorgesetzt wurde, seine Geschmacksnerven. So schrieb Goethe in einem Brief aus Rom an seinen Freundeskreis in Weimar:

„Für mich ist es ein Glück, daß Tischbein ein schönes Quartier hat, wo er mit noch einigen Mahlern lebt. Ich wohne bey ihm und bin in ihre eingerichtete Haushaltung mit eingetreten, wodurch ich Ruh und häuslichen Frieden in einem fremden land genieße. Die Hausleute sind ein redliches altes Paar, die alles selbst machen und für uns wie für Kinder sorgen. Sie waren gestern untröstlich, als ich von der Zwiebelsuppe nicht aß, wollten gleich eine andere machen usw. . Wie wohl mir dies aufs Italiänische Wirthshausleben thut, fühlt nur der der es versucht hat. Das Haus liegt in Corso, keine 300 Schritte von der Porta del Popolo (1. November 1786).

Reisen bedeutete aber auch für Goethe neben der Umstellung und Einschränkung bei seinen Eß - und Trinkgewohnheiten, Bescheidenheit zu entwickeln.

Im Dezember des Jahres 1777 unternahm Goethe eine Harzreise. Dabei reiste er unter dem Pseudonym Weber und gab sich als Maler aus. In Ilfeld beabsichtigte er, sein Essen einzunehmen und zu übernachten.

„Dort aber war im Gasthofe kein Zimmer mehr frei, denn es hatte hier gerade eine Verhandlung von Abgesandten benachbarter Obrigkeiten stattgefunden: um eine lange Tafel herum saßen jetzt die Gäste und feierten ihr gelungenes Rede- und Schreibwerk mit Abendessen und Gesundheits-Trinken. Aber der Wirte erbarmte sich doch des müden Reiters; er ließ für ihn sein eigenes Bett überziehen, das in einem Verschlage neben der Gaststube stand. Durch ein Astloch in der Bretterwand konnte nun Goethe, wie sonst der Wirt, die hell erleuchtete Tafel übersehen und vernahm er die Scherze, mit denen die Essenden und Trinkenden an einander ihren Witz probierten, bis der Lauschende trotz des lärmenden Gelages in tiefen Schlummer sank." (W. Bode, Goethes Leben. 1776-1780, S. 100)

Mit Goethe im Schlaraffenland

In Weimar war Goethe innerhalb kürzester Zeit bekanntgeworden, weil er sich nicht unbedingt dem Leben am Hofe anpaßte, sondern keine Gelegenheit ausließ, heute würde man sagen, für „action" zu sorgen. Dabei war niemand vor Überraschungen sicher.

Eine dieser Überraschungen hatte Goethe für den Maler Georg Melchior Kraus vorbereitet, mit dem er eine Reise von Weimar aus unternahm.

„Als sie in die Gegend von Wörlitz kamen (berichtet Ludwig Friedrich Göritz), stiegen sie aus und gingen zu Fuße weiter. Mehrere Tage zuvor war das Gespräch zufällig oder absichtlich auf übernatürliche Künste und ihre Möglichkeiten gefallen, und Goethe baute darauf einen Plan. Er war in der Gegend auf das genaueste bekannt und fing nun an, dem Rat Kraus ‚im Vertrauen' zu gestehen, daß es wohl solche Kräfte gebe und er auch über einige selbst verfüge; wenn er ihn nicht verraten wolle, so wolle er ihm einige zeigen, wenn sich einmal die Gelegenheit böte. Kraus war es zufrieden. ‚Zum Beispiel', sagte nun Goethe, ‚es ist heute ein sehr heißer Tag, es wäre wohl gut, wenn wir etwas zur Erfrischung hätten. Lassen Sie mich zusehn, was ich vermag.' Er führte ihn zu einer Felsenquelle, murmelte einige Worte und ging auf einen Stein los, den er hinwegschob. Hier fanden sie herrlichen Wein und Früchte, die sie mit großem Appetit genossen. Kraus war sehr erstaunt; Goethe wußte ihn hinzuhalten bis an den Abend, so daß es zu spät war, ins Logis zu kommen. ‚Nun will ich Ihnen noch mehr zeigen', fuhr er fort. ‚In diesem Pavillon (an dem sie vorüberkamen) wollen wir zu Nacht essen und schlafen!' Der Pavillon war nicht bewohnt. Goethe pochte an, es ließ sich kein Mensch sehen noch hören, aber die Türe öffnete sich, und der Vorsaal war erleuchtet. Sie gingen durch mehrere Zimmer und fanden in einem ein paar hübsche Betten mit allen Bequemlichkeiten. ‚Das ist gut', sagte Goethe, ‚aber wir sollten auch unsere Nachtkleider und ein gutes Abendessen haben.' Darauf führte er Kraus in ein weiteres Zimmer, wo sie eine Tafel mit zwei Kuverts gedeckt antrafen und mit herrlichen Speisen besetzt. Als sie gesättigt waren, fanden sich auch ihre Nachtkleider in dem Schlafzimmer und sie schliefen bis an den Morgen, wo sich wieder ein Déjeuner fand, von unsichtbarer Hand im Nebenzimmer bereitet." (Mit Goethe durch das Jahr 1980, S. 29-31)

„Solange man nüchtern ist,
Gefällt das Schlechte;
Wie man getrunken hat,
Weiß man das Rechte;
Nur ist das Übermaß
Auch gleich zu Handeln;
Hafis, o lehre mich
Wie du's verstanden!
Denn meine Meinung ist
Nicht übertrieben:
Wenn man nicht trinken kann
Soll man nicht lieben;
Doch sollt ihr Trinker euch
Nicht besser dünken,
Wenn man nicht lieben kann
Soll man nicht trinken."

Ein „Hase in Eile"
bedankt sich für den Rehrücken:
Christiane Vulpius

N ach der Rückkehr von seiner ersten Italienreise lernte Goethe die damals 23jährige Christiane Vulpius im Park an der Ilm in Weimar kennen. Sie wurde seine Geliebte und zog zu ihm ins Gartenhaus.

„Die gesamte Weimarer Gesellschaft empört sich. Das ist nicht nur Klatschsucht und Spießertum. Man hat Goethe, wie Schiller unmütig und erstaunt bei seinem ersten Besuch in Weimar feststellt, mit einer stillen und fast abgöttischen Bewunderung umgeben. Man sah ein höheres Wesen in ihm. Nun erscheint er mit einem Male grob-irdisch, mit einer sehr gewöhnlichen Person liiert, die kaum lesen und schreiben kann, ein breites Thüringisch spricht, einen unfrisierten Lockenkopf trägt und einen Leinenkittel über dem derben Leib, der allenfalls fürs Bett gut sein mochte. Ein ‚Bettschatz' nennt auch die Mutter Goethe sie in ihrem unverblümten Stil, ohne jede abschätzige Bedeutung, als sie einige Jahre später von dieser Mamsell Vulpius erfährt." (R. Friedenthal, Goethe, s. 327/328)

Da Goethe häufig unterwegs war, oftmals war er Wochen und Monate nicht in Weimar, gibt es einen intensiven Schriftverkehr zwischen Goethe und seiner späteren Frau Christiane, in dem auch die praktischen umd alltäglichen Dinge des Lebens wie Essen und Trinken immer wieder zur Sprache kommen.

Dabei erwies sich Christiane als eine tüchtige Hausfrau, die ihr Hauswesen umsichtig ordnete, ihr Personal gut führte und sparsam haushaltete. Christianes Fähigkeiten im Hinblick auf die Organisation von Haus und Garten, Küche und Keller, Essen und Trinken sind deutlich hervorzuheben.

„Oft genug ließ die Sorge für das Hauswesen, für die Gärten und das Krautland Christianen kaum Zeit, dem geliebten Mann nur das Notwendigste brieflich mitzuteilen. Bald mußten alle Zimmer des weitläufigen Hauses gereinigt werden, bald gab es große Wäsche, bald galt es, Kleider herzurichten; Küche und Keller waren zu versorgen, um den Heimgekehrten und seine zahlreichen Gäste mit allem Gewünschten stets reichlich bewirten zu können. Und nicht nur den Heimgekehrten; auch während der oft monatelangen Aufenthalte in Jena mußte Christiane diesen mit des Leibes Notdurft und Nahrung versorgen, weil ihm das Essen, das es in Jena gab, fast immer ,beinahe zur Verzweiflung' brachte. Bei so vielfachen Haussorgen muß Goethe sich denn oft genug mit gar kurzen Zettelchen Christianens begnügen, wie etwa dem folgenden: ,Mir haben seit Montag gewaschen und getrocknet und heute bügeln mir, und die Stähle glühen, da kann ich Dir nicht mehr schreiben. Leb wohl und behalte Deinen Haus-Schatz lieb.' Ein andermal schreibt sie: ,Gestern haben wir von früh bis um 9 Uhr des Abends nur immer Vorhänge gebügelt, und heute bin ich mit den Kellern und den Vorräthen beschäftiget, um alles, da es so kalt wird, vor dem Frost zu bewahren.' Man merkt es Christianens Berichten über ihre häusliche Tätigkeit deutlich an, daß sie ihr große Freude macht, daß sie mit dem Herzen dabei ist und keine Mühe scheut. Tüchtige Arbeit steigert ihr den Humor, und wenn sie sich, um zu verschnaufen, hinsetzt und an Goethe berichtet, macht dieser Humor sich in urwüchsiger Weise Luft. Da schreibt sie denn: 'Nun mein allerbester, superber, gelieber Schatz, muß mich ein bißchen mit Dir unterhalten, sonsten will es gar nicht gehen. Erstens muß ich Dir sagen, daß ich Dich ganz höllisch lieb habe und heute sehr hasich bin; zweitens, daß ich am Montag meine Wäsche aufgeschoben habe wegen des üblen Wetter, und erst heute Nacht gewaschen wird, und ich sehe zu meinem größten Vergnügen, daß das Wetterglas steiget. Und nach einem langen Drittens, Viertens, Fünftens fügt sie schalkhaft hinzu: ,Nun hoffe ich aber auch, daß mein Allersuperbester auch ein Laubthälerchen an mich wenden wird, weil ich ein so großer tugendhafter Schatz bin.'" (H.G. Gräf, Goethes Briefwechsel mit seiner Frau, S. XXXI / XXXII)

Gerade dann, wenn Goethe sich in Jena aufhielt, kam Christiane eine wichtige Rolle zu, zumal sie ihren Mann mit allen möglichen Speisen und Getränken versorgen mußte.

Der Briefverkehr zwischen Goethe und Christiane spiegelt fast die gesamte Palette des Essens und Trinkens im Leben der Goethes wider.

Ob Hühner oder Hamburger Spickgänse, Wildbretbraten, Rehkeule, Rehbraten, Hasen, diese Speisen sind ebenso zu finden wie Aal und Bückling, Krebse oder Forellen. Die Gänseleberpastete mit Trüffeln, der Preßkopf, Leber- und Cervelatwürste fehlen auch nicht. Dann die Gerichte um Obst und Gemüse: Blattgold, Mangold, Kohlrabi, Artischocken, Gurken, Spinat, Schwarzwurzeln und natürlich Spargel, Pflaumen, Birnen, Feigen, Äpfel, Kirschen, Erdbeeren, Aprikosen, Pfirsiche und Kürbisse. Dann die Süßspeisen wie Schokolade und weißer Pfefferkuchen, Brottorte und Bisquittorte, Kirschkuchen, Erfurter *Zuckerbrot* und Eis. Und immer wieder Getränke: Selzerwasser mit Milch und Pyrmonter, sehr häufig Weine: Wertheimer und Elsässer, Rheinwein und Dessertwein, selten Bier, wenn schon, dann das englische oder das aus Oberweimar.

Die Liste der Speisen und Getränke kann weiter fortgesetzt werden, macht aber bereits in dieser Fülle deutlich, daß das Essen und Trinken, besonders, wenn Goethe nicht in Weimar war, ein wichtiger Aspekt der brieflichen Konversation war.

Dabei mußte Goethe nicht allein für sich in Jena sorgen. 1812 beispielsweise nahm er seinen Burschen Heinrich und seine Köchin Johanna Höpfnerin mit.

Die Aufenthalte in Jena wurden von Goethe zwecks ungestörter Arbeit notwendig. Er konnte dort zwar in Ruhe arbeiten, vermißte aber die gute Küche von Christiane:

„Ich übertreibe nicht, wenn ich sage, daß ich vier oder fünf Tage bloß von Zervelatwurst und rotem Wein gelebt habe. Ich bitte Dich auf's allerinständigste, mir mit jedem Botentage etwas gutes Gebratenes, einen Schöpsenbraten, Kapaun, ja einen Truthahn zu schicken, es mag kosten, was es wolle, damit wir nur zum Frühstück, zum Abendessen, und wenn es zu Mittag gar zu schlecht ist, irgend etwas haben, was sich nicht vom Schweine herschreibt."

Dieses wird auch in einem Brief deutlich, den Goethe Christiane am 3. April 1795 schickte.

„Es geht mir, mein liebes Kind, hier recht gut, ich bin fleißig und mache meine Sachen weg. Beim schönen Wetter gehe ich spazieren, beim unfreundlichen bleibe ich zu Hause. Der Biskuit-Kuchen wird Sonnabends anlangen, und ich wünsche, daß Du ihn vergnügt verzehren mögest. Ich habe Dich recht lieb und werde Dir etwas mitbringen. Grüße den Kleinen. Wenn ich länger ausbleibe, so komm doch einmal herüber und bring ihn mit. Lebe recht wohl. Schicke mir doch bitte sechs Bouteillen Wein und

Zuckerbrot

250 g Zucker
8 Eigelb
8 Eiklar zu Schnee geschlagen
200 g Weizenmehl
80 g Biskuitmehl
30 g Hagelzucker

✳

Der Zucker wird mit den Eigelben so lange gerührt, bis er sich restlos gelöst hat und die Masse schaumig ist.

✳

Nun gibt man in mehreren Portionen das Weizenmehl zu und verrührt alles zu einer glatten Masse.

✳

Die zu Eischnee geschlagenen Eiklar werden nun vorsichtig untergehoben.

✳

Auf einem mit Backpapier ausgelegten Backblech wird der Teig ganz dünn aufgestrichen, nachdem das Papier mit dem Biskuitmehl bestreut wurde.

✳

Nun wird der Hagelzucker gleichmäßig über den Teig gestreut und das Blech in den vorgeheizten Ofen geschoben. Das Zuckerbrot wird bei 160° C ca. 15 Minuten gebacken.

✳

In etwa 2 x 5 cm große Streifen geschnitten bringt man das Zuckerbrot am Besten noch lauwarm zu Tisch.

eine gute Salvelatwurst, denn was das Essen betrifft, lebe ich schlecht und teuer."

Christiane mußte dafür sorgen, daß ihr Mann mit Speisen und Getränken gut ausgestattet war.

Das wird verständlich, wenn man Goethes Brief vom 8. Januar 1796 liest: „Vor einigen Tagen hatte ich Gäste, die mir meinen Keller ziemlich aufräumten. Dagegen hatte Herr von Milkau mir wieder englisch Bier zukommen lasse. Lebe recht wohl. Der Preßkopf und das Leberwürstchen dauert noch. Vom Wein schicke mir etwas Wertheimer, aber kein Bier."

Bereits einen Tag später erhielt Goethe „3 Bouteillen Wertheimer und Eine Rheinwein."

Goethe revanchierte sich, indem er besonders oft Wildbret nach Weimar schickte.

„Ich danke Dir vor das Rehebrätchen. Itzo gehen bei uns die Winterfreuden an, und ich will sie mir durch nichts lassen verbittern", schrieb Christiane am 24. November 1798 an Goethe.

Am 25. Februar erhielt Goethe von Christiane gar eine besondere Delikatesse, nämlich Schwarzwurzeln. „Der gute Schatz macht mich so oft mit allerlei glücklich, daß ich doch auch einmal zu Deiner Glückseligkeit etwas beitragen muß, und das besteht in Schwarzwurzeln, die hier folgen."

Dennoch hatte Goethe immer wieder Grund, sich über die schlechte Qualität des Essens, wenn er nicht in Weimar war, zu beklagen.Christiane versuchte zu trösten.

„Daß Dir es mit dem Essen nicht gut geht, betrübt mich; ich wünschte, ich könnte mich alle Tage ein paar Stunden unsichtbar machen und Dir kochen, da sollte es wohl schmecken. Die alte Götzen könnte aber der Trabitiusen alles sagen, wie Du es gerne issest, und laß Dir ein paar junge *Hasen* schießen, und es gibt auch schon in Jena junge Hühner, habe ich gehört. Hier schicke ich Dir was Spargel. Und nun muß ich Wäsche aufhängen. Leb wohl. Bald ein Mehres.Behalt mich lieb."

1798 schien in Jena das Essen besser zu werden. Denn die Trabitius konnte besser kochen. Auch die Schillers halfen. Goethe schrieb an Christiane: „Mit meiner leiblichen Nahrung geht es nun auch schon besser, die Trabitius bereitet die Spargel sehr gut, so wie auch gelegentlich einen Eierkuchen; Schillers versorgen mich mit Braten, und Dein Öl macht mir den Salat

GESPICKTE HASENKEULE IN WACHOLDERRAHM

4 gespickte Hasenkeulen
1 l Buttermilch
50 g Speck
50 g Pflanzenhartfett
2 Knoblauchzehen
100 g gepellte Zwiebel
1 Bund Suppengrün
$^1/_8$ l trockener Rotwein
80 g Thüringer Schmant oder Creme fraiche
1 EL Mehl
Salz
Pfeffer
1 EL gestoßene Wacholderbeeren
etwas gebrühte und hauchdünn
abgeschälte Zitronenschale
in feine Streifen geschnitten

*

Die gewaschenen und gespickten Hasenkeulen werden mindestens einen Tag in Buttermilch eingelegt. Zugedeckt bewahrt man sie im Kühlschrank auf. Vor dem Braten läßt man sie gut abtropfen und würzt mit Salz und Pfeffer.

*

Den in Würfel geschnittenen Speck läßt man im Bräter mit dem Pflanzenfett ausbraten und gibt die Hasenkeulen hinein. Diese werden rundum gut angebraten.

Die in grobe Würfel geschnittene Zwiebeln, die geschnittenen
Knoblauchzehen und das in Stücke geschnittene Suppengrün
werden zugegeben und kurz mitgebraten. Das Ganze wird mit
dem Rotwein abgelöscht und bei mäßiger Hitze - mit Deckel
zugedeckt - gargeschmort. Vorher werden die restlichen
Gewürze einschließlich der in Streifen geschnittenen Zitronenschale zugegeben.

✻

Sind die Hasenkeulen gar, werden sie aus dem Bratensatz
genommen. Dieser wird gegebenenfalls mit Wasser oder besser
- sofern vorhanden - mit etwas braunem Wildfond aufgefüllt,
gut durchgekocht und mit etwas angerührtem Mehl leicht
gebunden. Die Sauce wird passiert, nachgeschmeckt und beim
Anrichten über die Keulen gegeben. Ein Klecks dicker Rahm
vollendet die köstlichen Fleischstücke.

wieder schmackhaft, wodurch ich nun für den Mittag völlig geborgen bin. ... Dazu sende ich Dir eine Rehkeule und wünsche, daß ihr sie zusammen recht vergnüglich verzehren möget."

Auch Goethes Mutter bemühte sich, den Haushalt ihres Sohnes mit Rat und Tat zu unterstützen. Am 11. Juni schrieb sie an Christiane:

„Hier übersende 1 gantzes Bettzwilch dieses gibt ein Unterbett und einen Pfühl - anbey folgt noch $2\,^3/_4$ Ehlen zum zweyten Pfühl - wünsche guten Gebrauch. Anbey kommt ein Taffelgedeck von 1 Taffeltuch und 12 Sevietten - ich hoffe es soll Ihnen allen gefallen, weil es würcklich nach meiner Meinung sehr hübsch ist."

Über diese Aussteuerware hat sich Christiane dermaßen gefreut, daß sie Goethe schrieb:

„Die gute Frau Rätin hat auch schon alles besorgt, und as schöne Tafelzeug hat mich recht gefreut, und ich denke mir schon, wenn ich Dir einmal ein Essen zubereite, wie ich es aufdecken lassen will. Und das Bette wird genäht. Heute habe ich zum ersten Mal aus dem alten Garten *Kirschkuchen* gebacken, und aus dem Garten im Hause habe ich schon einmal Kohlrabi und 2 mal Artischocken gegessen." (19. Juli 1793)

Auffällig an den Briefen von Christiane an Goethe ist, daß sie ihm oft schildert, wie es im Haus und Garten aussieht.

„Im Hause ist nun alles fertig, der Saal wird zu Ende jener Woche möblirt, die Stühle sind in der Arbeit; itzo werden noch die Ställe ausgeräumt, und ich halte so viel als möglich alles in Ordnung. Habe recht viele Gänse und Hühner angeschafft, und habe meine Freude so an dem Wesen. Über meine Gurken bin ich schon etwas ruhiger, ich habe spät welche gelegt, die sind recht gut, und wenn mir einen guten Herbst kriegen, so hoffe ich, soll alles gut werden. Es wird überhaupt heuer alles etwas später, auch der Waizen steht gut, umd im alten Garten ist es itzo ganz herrlich: die Rosen blühen und die Kirschen wollen reif werden. Etwas kriegen mir dieß Jahr doch, wenn es bleibet. Das Abendbrot wird meist im Garten verzehrt. Wenn Du nur wiederkömmst, wenn noch schöne Tage sind, daß wir noch mannichmal im Garten am Hause schlampampsen können, da freue ich mich darauf. Der Kleine spricht immer: ,Der Vater kömmt ja noch nicht!'. Er spricht immer von Dir, wie er Dir alles sagen will, was er kann. Itzo ist er sehr glücklich, wenn er im Garten eine reife

SAUERKIRSCHTORTE

375 g Butter
1 Ei
500 g Mehl
280 g Zucker
$^1/_2$ Tasse gestoßener Biskuit
2 kg Sauerkirschen
100 g Puderzucker

*

Die Butter wird schaumig gerührt bevor man nacheinander das Ei, 80 g Zucker und das Mehl zugibt. Der Zucker sollte sich vollständig lösen. Der Teig wird etwa zu $^3/_5$ und $^2/_5$ geteilt. Der größere Teil wird zuerst auf Springformgröße ausgerollt. Die leicht gefettete Form wird mit dem gestoßenen Biskuit bestreut. Darauf kommt der ausgerollte Teig.

*

Die gewaschenen und entkernten Sauerkirschen werden mit dem restlichen Zucker gesüßt und gleich auf den Teigboden gebracht, damit sie nicht zu viel Saft ziehen.

*

Nun wird der ausgerollte zweite Teigteil obenaufgebracht. Mit einer Gabel werden mehrere Löcher eingestochen und im vorgeheizten Ofen bei etwa 200° C wird die Torte goldbraun gebacken.

*

Wenn sie aus dem Ofen kommt, läßt man die Kirschtorte auf Zimmertemperatur abkühlen, bestreut reichlich mit Puderzucker und richtet sie auf einer Tortenplatte an.

Kirsche sieht, da freut er sich so, daß ich mich mit freun muß. Sonst gehe ich auch nirgends hin als in alten Garten, weil ich nicht gut mit meinem Fuß fortkommen kann. Aber so bin ich recht gesund und wohl, ich habe schon vom Doktor 9 Bouteillen Selzer Wasser bekommen, und das habe ich getrunken mit Milch, und das bekam mir wohl. Er will aber, ich soll es noch den ganzen Monat trinken." (Juli 1793)

Ganz besonders der Nutzgarten schien Christiane ans Herz gewachsen zu sein. Ausführliche Schilderungen über den Garten lassen sich so erklären.

„In Gärten und auf dem Lande ist alles gepflanzt und zurechte. Aber diese Woche habe ich auch eine große Betrübnis gehabt, ich hatt die Gurken so schön gewartet und gegossen. Schicket der Hofgärtner vom Belvedere die Pflanzen vom Spargel, und die müssen gar tief mit einem Graben gepflanzet werden, und da gingen die Gurken beinahe alle zu Grunde, so daß ich habe frische legen müssen, ich weiß aber nicht, ob etwas daraus wird. Du sagtest es dem Gärtner gleich, aber der wollte es besser wissen. Der Hofgärtner hat sie selbst pflanzen lassen. Das muß unser Gärtner übelgenommen haben, denn er hat sich nicht wieder sehen lassen." (17./18. Juni 1793)

„Im Garten geht alles mit den Pflanzen gut, nur der Gärtner und der Hofgärtner von Belvedere sind nicht einig wegen dem Spargel, und die jungen Bäume hat gewiß unser Gärtner nicht tief genug gepflanzet. Deßwegen kömmt morgen der Hofgärtner von Belvedere herunter und hat unseren Gärtner auch bestellt. Darein lege ich mich aber nicht, das mögen sie selbst ausmachen. Viel wird dieß Jahr mit Gemüse und Einmachen nicht werden, wenn mir keine bessere Witterung bekommen, es ist so kalt, daß gar nichts wachsen kann." (Juni 1793)

„Im Hause und Garten sollst Du alles aufs sauberste finden, ich denke, in 8 Tagen soll der Saal ganz aufgeputzt sein." (5. Juli 1793)

„Ich will alleweile in Garten und Kirschen lassen pflücken, es werden welche eingemacht und auch gedörrt. (25. Juli 1793)

„Ich hatte den Hausgarten sehr in Ordnung, gepflanzt und alles. In einer Nacht haben mir die Schnecken beinahe alles aufgefressen, meine schönen Gurken sind fast alle weg, und ich muß wieder von vorne anfangen." (30. Mai 1798)

„[...] Ich bin itzo mit dem Obst beschäftigt. Wenn das vorbei ist, geht es an *Kartoffeln* und *Kraut*. Ich habe sehr viel Zwetschgen getrocknet und Äpfel." (2. Oktober 1799)

„Mit meinem Obst bin ich sehr zufrieden, daß ich es behalten habe; es wird mir vor diesen Winter großen Nutzen bringen. Auf künftige Woche werde ich Muß kochen. Hier sind gar keine Nüsse mit Schalen zu haben; könntest Du mir Mittewoch etwas mitschicken, so geschäh mir ein großer Gefalle, ich muß grüne Schalen ins Muß haben." (6. Oktober 1799)

Bei Charlotte von Stein hatte Goethe bereits die Schokolade nach anfänglicher Ablehnung schätzen gelernt. So schrieb er an Christiane: „Die Chocolade fangt an mir zu fehlen. Schicke mir doch welche,..." (9. April 1795)

Christiane schickte 2 Pfund Schokolade, machte Goethe jedoch auf den hohen Preis aufmerksam: „Die Chocolade ist teuer, das Pfund 1 Taler 12 Groschen."

Christianes Sparsamkeit findet sich auch bei dem Umgang mit den leeren Weinflaschen und vor allem bei den Verschlüssen wieder. Streng achtete sie darauf, daß das Leergut mit Stöpseln zurückkam. Dazu schrieb Goethe:

„Hicrmit, mein Liebchen, schicke ich Dir fünf leere Bouteillen und sogar die Stöpsel dazu, damit Du sichst, daß ich ein gut Beispiel in der Haushaltung nachzuahmen weiß." (10. April 1795)

Am 11. Januar des Jahres 1795 fuhr Goethe für einige Tage nach Jena. Die Abwesenheit wollte Christiane nutzen, um eine Gänseleberpastete zu machen. Doch vergeblich, denn die entscheidenen Zutaten fehlten.

So schrieb sie frustriert am 12. Januar an Goethe:

„In aller Eile schreibe ich Ihnen nur ein paar Worte. Ich bin noch sehr müde von der Redoute, wo es mir recht wohl gefallen hat, aber wie ich nach Hause, da gefiel es mir nicht. - Mit der Gänseleberpastete habe ich mir alle Mühe gegeben, aber umsonst, es sind keine Gänselebern zu kriegen und keine Trüffeln. Ich wünschte, daß Sie bald wieder zurückkommen und mich recht lieb haben. Leben Sie recht lieb. Der Kleine wünscht auch sehr, daß Sie möchten kommen."

Gelegentlich krempelte Goethe gegenüber seiner Lebensgefährtin Christiane den " Oberlehrer " heraus und gefiel sich in didaktischem Rat.

Dieses wird beispielsweise in einem Brief deutlich, der am 15.

AUSGEBACKENE KARTOFFELTALER

**1 kg geschälte Kartoffeln
2 Eigelb
1 Eßlöffel geriebener Parmesankäse
50 g Butter
80 g Weizenmehl
1 Eiweiß
150 g gesiebtes Semmelmehl
Ausbackfett
Salz
Pfeffer**

*

Die geschälten Kartoffeln werden halbgar gekocht und im noch heißen Zustand durch die feine Raspelscheibe einer Reibemaschine gegeben. Ist dies geschehen, werden sofort die Eigelbe, der Parmesankäse und die Butter untergearbeitet.

*

Mit Salz und gemahlenem weißen Pfeffer wird abgeschmeckt.

*

Hat die Masse eine gute Bindung, rollt man sie mit dem Rollholz auf einem bemehlten Brett etwa fingerdick aus und sticht mit einem talergroßen Ausstecher Kartoffeltaler aus. Nun werden die Kartoffeltaler durch ein verrührtes Wasser-Eiklar-Gemisch gezogen und im gesiebten Semmelmehl gewendet, so daß rundum Panade anhaftet.

*

Im erhitzten Ausbackfett werden die Kartoffeltaler ausgebacken. Sie sollten eine schöne goldgelbe Farbe haben und knusprig sein. Diese Kartoffelbeilage ist sehr vielseitig zu Braten-, Fisch- und Geflügelgerichten, aber auch zum Wild einsetzbar.

August 1797 von Frankfurt, wo sich Goethe bei seiner Mutter aufhielt, nach Weimar geschickt wurde.

Goethe schreib : „Wenn Du mir schreibst, so mußt Du immer zugleich auf die Adresse setzen : gefällig nachzuschicken, und mußt Deinen Brief noch besonders siegeln, wenn Du ihn auch in ein Paket legst; das Paket aber wird jederzeit an meine Mutter adressiert, damit sie es aufmachen und mit den inliegenden Briefen nach meiner Anweisung verfahren kann. So viel von dieser Sache."

Eine weitere Anweisung Goethes bezog sich auf eine Sendung mit Seeschnecken, die der Geheimrat bestellt hatte.

„Von Hamburg wird ein kleines Fäßchen an mich kommen, worin Seeschnecken sich in Brandwein befinden werden. Denke nicht etwa, daß es eine Eßwaare ist, sondern thu die Geschöpfe in ein Zuckerglas und halte sie mit Brandwein bedeckt, bis ich wiederkomme. Sonst weiß ich nichts zu erinnern, denn das Übrige haben wir ja alles abgeredet."

Die intensive Beziehung zwischen Goethe und seiner Lebensgefährtin Chritiane Vulpius findet nicht nur ihren Niederschlag in einem umfangreichen Briefwechsel, der die Jahre 1792 - 1816 umfaßte, in ihrem liebevoll - zärtlichen Umgangston voller sehnsüchtiger Kosewörter, auch das ständige Hin und Her von Essen und Trinken, mit dem sie sich gegenseitig verwöhnten, unterstreicht die bekannte Feststellung, daß Liebe durch den Magen geht.

So schickte Goethe, als er mal wieder in Jena verweilte, an Christiane eine Rehkeule. Hierzu schrieb er:

„Bis jetzt kann ich meinen hiesigen Aufenthalt weder ganz loben, noch ganz schelten; ich habe zwar schon manches bei Seite gebracht, aber das noch nicht gethan, was ich wünschte. Ich muß die guten Stunden abwarten und indessen thun, was sich thun läßt. Das Wetter hat mir die letzten Tage erlaubt, immer einige Stunden des Morgens spazieren zu gehen, wobei ich mich recht wohl befinde.

Hier schicke ich Dir eine Rehkeule, die Du mit Freund Meyer vergnügt verzehren magst. Mit meinem Essen geht es mir jetzt recht gut, und die beliebten Gemüse werden fleißig aufgetischt. Lebe recht wohl und grüße den Kleinen, für den ich ein Blättchen beilege. Jena, am 27. März 1798."

Christiane scheint sich über die Rehkeule gefreut zu haben,

Weisskohl mit kastanieN

500 g geputzter Weißkohl
120 g Butter
300 g Eßkastanien
1 kleine Zwiebel in feine Würfel geschnitten
2 Eßlöffel Creme fraiche
50 g geriebene Haselnüsse
Salz
weißer gemahlener Pfeffer
geriebene Muskatnuß

*

Der gewaschene Weißkohl wird in feine Streifen geschnitten.

*

Die Hälfte der Butter läßt man in der Pfanne zerlaufen und schwenkt darin die Zwiebelwürfel, bis sie glasig sind. Nun werden die Kohlstreifen zugegeben und 6-8 Minuten unter häufigem Wenden gegart. Gewürzt wird mit Salz, weißem Pfeffer und Muskatnuß. Jetzt wird die Creme fraiche zugegeben, gut durchgeschwenkt und mit den geriebenen Haselnüssen vollendet.

*

Paralell wurden die ungehäuteten Kastanien oben kreuzweise eingekerbt und auf einem Backblech im vorgeheizten Ofen geröstet, bis sie gar sind. Mit einem groben Tuch wischt man die Haut von den Kastanien und schwenkt sie in der restlichen Butter an. Als Würze verwendet man nur etwas Salz.

*

Angerichtet wird die Gemüsebeilage, indem man auf einer Schüssel (Platte) den Kohl in der Mitte anhäuft und die Eßkastanien ringsum arrangiert.

Das Kraut bestreut man ggf. noch mit ein paar Haselnußsplittern.

Die Beilage eignet sich als Begleiter von Geflügel-, Wildgeflügel- und Wildgerichten. Aber auch zu einem krossen Schweinebraten schmeckt der Weißkohl mit Kastanien köstlich.

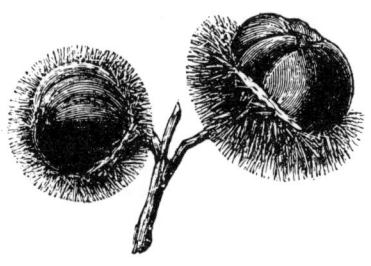

denn bereits einen Tag später antwortete sie wie folgt:

„In Eile will ich Dir nur schreiben, daß Du mir mit dem Rehekeulichen eine rechte Freude gemacht hast. Mir haben seit Montag gewaschen und getrocknet und heute bügeln wir, und die Stähle glühen, da kann ich Dir nicht mehr schreiben.Leb wohl und behalte Deinen Haus - Schatz lieb."

Im Jahr 1798 erwarb Goethe das Gut Ober-Roßla.

Mit dem Verkauf und der Übernahme des Gutes waren diverse Festlichkeiten verbunden, die sich im Briefverkehr zwischen Goethe und Christiane widerspiegeln.

So schrieb Christiane an Goethe am 16. Juni 1798:

„Wegen des Essens habe ich mit der Fischern alles besorgt; auch auf das Johannes-Fest ist alles besorgt. Meine Späße werde ich künftige Woche besorgen. Nun mußt Du mir schreiben, wie Du es mit dem Wein machen willst, ob Du ihn noch aus der Kellerei haben willst; so schicke mir einen Zettel. Den Mittwoch und den Donnerstag kann ich ihn durch Fischers Mägde runterschicken. Der Bauverwalter hat große Lust, sich um das Essen zu bekümmern; er kommt morgen zu Dir, da kannst Du ihm selbst sagen, daß schon bei der Fischern bestellt ist. Es ist vor Bier und alles gesorgt; um wegen des Weines ist es noch zu besorgen, und den wollen wir, dächte ich, auch der Fischern übergeben."

Die Bewirtung bei der Ober-Roßlaer Gutsübergabe warf im Briefverkehr ihre Schatten voraus. Goethe entgegnete: „Von Herrn von Wolzogen lässest Du noch Franzwein holen; er wird Dir etwa 30 Bouteillen schicken, thue von denen, die noch vorräthig sind, so viel dazu, daß es 50 werden; diese gibst Du sämmtlich der Fischern mit sowie auch die 12 Nößel Dessertwein, für welche hier der Zettel an die Kellnerei mitfolgt. Was den Sonnabend übrig bleibt, wird auch Sonntag zu Statten kommen. Fischers sorgen also für alles, wie das beiliegende Blatt näher ausweist, was die Bewirthung meiner Gäste betrifft, und Du berechnest Dich nachher mit ihnen." (Jena, 17. Juni 1798)

Bereits einen Tag später hatte Christiane für die Feier das Essen bestellt, das sich aus folgenden Gängen zusammensetzte:

1. Erstens eine *Sagosuppe*
2. Rindfleisch mit Senf
3. Grüne Erbsen mit jungen Hühnern

4. *Forellen* oder Back-Fische
5. Wildprets-Braten und Gänse
6. *Torte* und Rührkuchen.

Im Auftrag von Christiane schrieb der Bruder die Programmfolge des Festes der Gutsübergabe auf: „Ew Excellenz soll ich, da meine Schwester eben nicht sehr geschwinde mit der Feder fortkömmt, schreiben, wie sie meint, daß es mit der Festlichkeit zu Roßla könne gehalten werden. Sonntags soll sehr früh dahin gefahren, von der ganzen Gesellschaft in die Kirche gegangen und, da dieselbe arm ist, der Klingelbeuten reichlich bedacht werden. Sodann nach dem Mittag-Essen und der Kirche, werden die Dorfbewohner mit Musik vor das Gut kommen und dort den Hämmel abholen. Von hier aus soll nun der Zug nach dem Wirthshause also gehen:
1. Die Dorfmusik.
2. Die jungen Pursche; Paar und Paar.
3. Die Mädchen.
4. August und eine kleine Bäuerin, mit dem Hämmel.
5. Die Stadtfrauenzimmer; Paar und Paar.
6. Die Herren.
7. Unsere Musik.

Bei dem Wirtshause wird den Leuten der Hämmel übergeben, ein kleiner Ehrentrunk angenommen und sodann nach dem Gute zurückgezogen, wo gegen Abend (wenn die Frauenzimmer es erwarten können) der Ball anheben und dazu nach Weimar zu rechten Zeit wieder zurückgefahren werden soll." (Vulpius, 19. Juni 1798)

Bei der Besorgung der Zutaten für die Speisen ergaben sich logistische Probleme, die Christiane folgendermaßen zusammenfaßt: „Kein Aal ist nicht zu kriegen, auch in Weimar kein Pfund anderer Fisch; aber ich bekomme 12 Pfund Forellen von unserem Gärtner. Auf das Sonntagsfest freu ich mich auch recht." (22. Juni 1798)

Goethe mochte keine Schweine, er verabscheute ihren Gestank, und Christiane hatte erhebliche Probleme mit ihrem Johann Wolfgang, wenn es um die Anschaffung von Schweinen ging.

Ob Goethe das Haus am Frauenplan in Weimar in Richtung Jena verlassen hatte, um der anstehenden Schweineschlachtung zu entgehen, ist ebenso wahrscheinlich wie die Annahme,

Sagosuppe mit Eier-Gilé

60 g Sago
100 g geputzte Karotten
und 40 g geputzter Sellerie
1¹/₄ l kräftige Rinderbouillon
Salz

Zum Eier-Gilé (Eierstich) benötigt man:

1 ganzes Ei und zwei Eigelb
100 g Sahne
etwas Salz und geriebene Muskatnuß
20 g Butter

✳

Der Sago wird in kochendem Salzwasser gegart, bis die Körner
klar und durchsichtig werden. Nun gießt man ihn auf ein Sieb
und spült ihn unter fließendem Kaltwasser gut ab.

✳

Die Karotten und der Sellerie werden in sehr feine Würfel
geschnitten und in der Kraftbrühe gegart. Anschließend wird
der Sago dazugegeben, wonach alles noch etwa 5 - 10 Minuten
köcheln sollte.

Inzwischen wurde der Eier-Gilé wie folgt zubereitet:

Das ganze Ei und die beiden Eigelbe werden mit der Sahne mittels Schlagbesen gut verrührt. Gegebenenfalls gießt man alles noch einmal durch ein Haarsieb. Gewürzt wurde vorher mit Salz und geriebener Muskatnuß. Mit der Butter fettet man eine geeignete Form aus, in die anschließend die Masse gegossen wird. Mit einem Deckel oder mit Folie gut verschlossen wird die Eiermasse im Wasserbad gegart.

*

Ist die Masse gut gestockt, läßt man sie erkalten, schneidet sie in kleine Rhomben und gibt den Eier-Gilé als Einlage in die heiße Suppe.

GEBACKENE FORELLEN MIT KNUSPRIGER BACK-PETERSILIE

4 kleine, küchenfertige Forellen mit je ca. 200 g Gewicht
150 g Weizenmehl
2 Eier
2 kleine Bund Petersilie
1 Zitrone
Backfett
Salz
weißer Pfeffer

✳

Die küchenfertigen Forellen werden gut ausgewaschen und mit einem scharfen Messer wird die Haut im Abstand von 2,5-3 cm schräg eingeritzt.

✳

Aus der Zitrone werden 4 Keile geschnitten, der Rest wird zu Saft ausgedrückt. Die Forellen werden mit dem Zitronensaft beträufelt, mit Salz und wenig weißem Pfeffer gewürzt. Die aufgeschlagenen Eier verrührt man mit etwas Wasser. Durch diese Eimasse werden die Forellen gezogen und anschließend im Mehl gewälzt.

Im heißen Backfett läßt man die Forellen hellgelb und
knusprig backen wie auch die Petersilie, die man von den
dicken Stengeln befreit hat.

*

Sind die Forellen gar, werden sie auf Tellern oder ovalen
Platten angerichtet. Obenauf gibt man die rösch gebackene
Petersilie und je einen Zitronenkeil.

*

Dazu reicht man einen herzhaften Kartoffelsalat oder Brot und
einen marinierten Gartensalat.

Brottorte

250 g süße, geriebene Mandeln
200 g Puderzucker
15 Eigelb
30 g Zitronat
20 g Orangeat
10 g Zimtpuder
5 g gemahlener Kardamom
5 g Nelkenmehl
15 g geriebene Schokolade
100 g geriebenes altbackenes Schwarz- oder Graubrot
4 cl Rum
Schnee von 7 Stck. Eiklar
100 g Johannisbeerkonfitüre
Zuckerguß
geriebene Zitronenschale

✳

Die geriebenen Mandeln werden mit den Eigelben und dem
Zucker so lange gerührt, bis eine glatte feine Masse entsteht.
Nun kommen die abgeriebene Zitronenschale, Zitronat und
Orangeat sowie die Schokolade und die Gewürze dazu.

✳

Die Brotkrume wird vorab mit dem Rum verrührt.

✳

Anschließend wird sie ebenfalls unter die Masse gehoben. Zum
Schluß wird der steifgeschlagene Schnee von sieben Eiweiß
untergearbeitet.

Auf ein gefettetes Backblech legt man zwei Springformringe und verteilt die Masse gleichmäßig darin. Die Tortenböden werden im vorgeheizten Ofen bei 220° C nicht zu scharf gebacken.

*

Nach dem Auskühlen werden beide Böden zusammengesetzt, indem man die Konfitüre zwischen die Böden streicht.

*

Mit einem gewöhnlichen Zuckerguß überzogen, läßt man die Torte am besten einen Tag an einem kühlen Ort stehen, damit sie gut durchzieht, bevor sie dann serviert wird.

daß Christiane Goethes Abwesenheit nutzte, um eine Schlachtung vornehmen zu lassen. So fand im November 1798 ohne Beteiligung des Dichters eine Hausschlachtung statt. Darüber schreibt Christiane an Goethe: „Hier schicke ich Dir etwas von meinem Schlachtfest. Ich bin nicht so ganz mit meinen Schwein zufrieden, ich denke aber, es soll mit dem Speckschwein besser werden." (21. November 1798)

Der Sohn August jedoch erlebte die Schlachtung des Schweines mit. Hierüber schrieb er seinem Vater: „Gestern war ein großes Fest für mich, denn wir haben zwei kleine Schweine geschlachtet. Ich war dabei, als sie in den Hals geschnitten wurden, das eine schrie mehr als das andere. Dann habe ich auch gesehen, wie die Würste gemacht werden. Die Schweine wogen 130 Pfund. Die Blasen habe ich bekommen, ein Mann hat sie mir aufgeblasen, wodurch sie sehr groß wurden." (21. November 1798)

Trotz der ablehnenden Haltung von Goethe Schweinen gegenüber, verschmähte er die von Christiane nach Jena geschickten Fleischwaren nicht.

Am 27. November bedankte Goethe sich in einem Brief an Christiane. „Die Würste, die Du mir geschickt hast, haben mir recht wohl geschmeckt."

Dieses hatte zwangsläufig zur Folge, daß das nächste Schlachtpaket von Weimar auf den Weg nach Jena gebracht wurde. „Weil Dir meine Würste geschmeckt haben, so schicke ich Dir wieder etwas." (Brief von Christiane, 27. November 1798)

Im Februar des Jahres 1799 weilte Goethe mal wieder in Jena.

Am 12. Februar schickte er folgenden Brief an Christiane:
„Ich habe mich heute wieder verführen lassen, eine Stunde Schlitten zu fahren. Die Kälte war viel erträglicher als neulich, und ich finde mich von der Bewegung ganz heiter. Meine Arbeiten gehen bis jetzt recht gut von statten, und ich werde in den nächsten drei Wochen schon etwas vor mich bringen. Es war aber auch endlich einmal nötig, daß etwas geschah.

Ich schicke Dir hierbei etwas Wildbret, daran es mir hier nicht fehlt. Mit meinem Essen steht es überhaupt ganz gut, ich lasse mir von der Trabitius Morgens wieder Wassersuppen kochen, denn es scheint doch, daß die Chocolade mir nichts taugt. Wer weiß auch, was sie bei der Fabrication hineinmischen. Lebe recht wohl, grüße das Kind und gib ihm inliegendes Briefchen. Jena, den 12. Februar 1799."

Wenn in dem Briefverkehr zwischen Goethe und Christiane von Hasen die Rede ist, so muß nicht immer zwangsläufig auch ein kulinarisches Wildbret damit gemeint sein. Dieses wird beispielsweise in einem Brief deutlich, den Christiane am 23. März 1799 von Weimar nach Jena schickte. Darin konnte Goethe unter anderem lesen:

„Heute muß ich Kuchen backen und kann Dir also nicht so viel schreiben ; meine einzige Bitte ist, mich Hasen nur recht lieb zu behalten."

In einem Brief an Goethe, der am 10. oder 11. Juni 1797 von Weimar abgeschickt wurde, der in Zeitnot entstanden war und auch nur wenige Sätze enthielt, unterzeichnete Christiane den Text mit „Hase in Eile".

Im November des Jahres 1812 begab sich Goethe unmittelbar, nachdem er von Karlsbad zurückgekehrt war, wieder nach Jena.

Am 6. November schrieb er an Christiane:

„Ich bin sehr zufrieden mit Heinrichen und der Köchin; ja, der Ernst, womit wir die Sache treiben, ist eine Lust und Spaß. Um nicht aus dem Gleise zu kommen, habe ich einen Karpfen von Winzerle für mein Geld kommen lassen und die polnische Sauce gleich aus der Tasche bezahlt. Das dient zur Unterhaltung, will aber zugleich so viel sagen, daß ihr hoffentlich so viel mitbringen werdet, um die genaue Wirtschaft für das herrliche Gastmahl zu entschädigen, welches euch bereitet ist, und das ich soeben mit der Köchin verabredet habe."

Die Wirkung von Spinat mit sechs harten Eiern auf weibliche Körper

Heinrich Luden (1780-1847), Geschichtsprofessor aus Jena und Zeitgenosse von Goethe, wußte folgende Anekdote zu berichten, die sich auf Damen bezog und natürlich etwas mit dem Kapitel „Essen" zu tun hat.

„Mehr als eine Anekdote, die von Goethe erzählt ward, ist mir noch im Gedächtnis. Aber sie zu erzählen, wage ich nicht. Jedesfalls würde das Anmutigste und Pikanteste fehlen: Goethes Augen, Stimme und Gebärdenspiel: denn er erzählte nicht bloß, sondern er stellte alles mimisch dar. Besonders kam er wiederholt auf zwei alte Gräfinnen, mit welchen er in Verkehr gebracht worden war. Sie hätten einen unermeßlichen Umfang gehabt und deswegen eine bewunderswürdige Unbeweglichkeit gezeigt, sobald sie einmal Platz genommen. Dabei hätten sie eine große Geläufigkeit der Zunge gehalten und ein endloses Geschwätz geführt. Ihre Stimme sei jungfräulich gewesen, sei aber oft, wenn sie lebhaft geworden oder das Gefühl ihrer Würde an den Tag zu legen für nötig gehalten. bald in ein artiges Krähen, bald in ein girrendes Zwitschern übergegangen. Mir selbst, sagte Goethe, waren die wunderlichen Kugelgestalten dieser Damen am merkwürdigsten. Ich konnte nicht begreifen, wie es einem Menschen, Mann oder Weib, gelingen könne, es zu einer solchen Masse zu bringen; auch hätte ich die Dehnbarkeit der menschlichen Haut nicht für so grenzenlos gehalten. Sobald ich aber die Ehre erhielt, einmal mit den edlen Damen zu speisen, wurde mir alles klar. Wir andern wissen doch wahrlich auch, was essen und trinken heißt, und ich denke, wir geben unserer vortrefflichen Wirtin einen schlagenden Beweis: aber ein solches Essen - vom Trinken sage ich nichts - überstig doch meine Vorstellungen. Jede der beiden Damen nahm z.B. *sechs harte Eier zum Spinat,* schnitt jedes Ei in der Mitte durch und warf nun das halbe Ei mit so großer Leichtigkeit hinunter, wie der Strauß ein halbes Hufeisen. Übrigens teilte Goethe noch einzelne Bemerkungen der edlen Damen mit über die Wirkungen des Karlsbader Sprudels auf ihren Körper, über die Zeitläufe und über die Gesellschaften, und einzelne Urteile über Schriftsteller und Kunstwerke. die

prächtig waren, naiv, drollig, barock, toll. Und ernsthaft setzte er alsdann hinzu: es sei viel Wahres in diesen Bemerkungen und Vorteilen, und er habe manches von den Damen gelernt."
Goethe im Gesprach. S. 84. 85.

„Getretner Quark
Wird breit, nicht stark.
Schlägst du ihn aber mit Gewalt
In feste Form, er nimmt Gestalt."

Frühlings-Kräuterspinat mit verlorenen Eiern

500 g frische, verlesene Spinatblätter
je eine Handvoll Löwenzahn,
Brennesselspitzen und Brunnenkresse
je ein Eßlöffel gehackte frische Kräuter von Kerbel,
Petersilie und Majoran
50 g Butter
Salz
weißer gemahlener Pfeffer
Essig
8 Stck. Hühnereier

✳

Der Spinat wird wie auch der Löwenzahn, die Brennessel-
spitzen und die Brunnenkresse nach Belieben fein gehackt.
Gemeinsam mit den gewiegten Kräutern wird das Ganze in
wenig Wasser und der Butter in einem geeigneten Gefäß mit
Deckel gedämpft. Der gebildete Saft sollte wieder einkochen.
Mit Salz und gemahlenem weißen Pfeffer würzen.

✳

In einem flachen Topf füllt man etwa 5 cm hoch Wasser ein
und gibt 1 Tasse Weinessig hinein. In das bis kurz vor den
Siedepunkt erhitzte Essigwasser läßt man die in eine Tasse
aufgeschlagenen Eier nacheinander vorsichtig gleiten. Mit
einem Holzlöffel wird dabei das Eiklar immer wieder über das
Eigelb gezogen, damit die pochierten Eier nicht in die Breite
laufen. Haben die Eier eine wachsweiche Konsistenz erreicht,
nimmt man sie aus dem Sud.

✳

Den Spinat gibt man auf eine Schüssel (Platte) und arrangiert
darum die abgetropften pochierten Eier.

Zu Tisch im Weimarer Goethehaus am Frauenplan

In Weimar entwickelte sich das Wohnhaus von Goethe am Frauenplan allmählich zu einem beliebten Treffpunkt von Dichtern, Künstlern, Wissenschaftelern und Repräsentanten der Gesellschaft.

Ein wichtiger Bestandteil der zahllosen Besuche war das gemeinsame Essen, das die Eß- und Trinkgewohnheiten von Goethe verdeutlicht.

Die Eß- und Trinkkultur oder besser Tischkultur, die zu einem Anziehungspunkt für viele Zeitgenossen wurde, findet sich in zahlreichen Briefen und Biographien von Gästen wieder.

„Bewundernd registrieren sie als Gäste im Haus am Frauenplan den wohlgedeckten Tisch, sie genießen den ausgezeichneten Wein, beobachten den Appetit, doch auch die Tranchierkünste des Hausherrn; sie bewahren die liebenswürdigen, die gravitätisch-ernsthaften Tischgespräche treulich im Gedächtnis, gedenken aber auch der munteren Lieder, der Scherze, des Schabernacks, die eine Runde einten und belebten. - Diese Gastlichkeit, von Goethe con amore in Szene gesetzt und lange Jahre durchgehalten, forderte von ihm Phantasie, Großzügigkeit, Geduld und vorbereitende Aufmerksamkeit. Wie der Vater, wie der Großvater sorgte er für Gärten und Krautland, die die Küche mit Gemüse und Obst beliefern, pflegte auch nach vielen Seiten hin Verbindungen, die mancherlei Delikatessen zusätzlich ins Haus brachten; er bedachte selbst den Speisezettel und spornte durch Lob und Tadel die Küche zu rechten Leistungen an und vergaß über diese praktische Fürsorge nicht, aus seinen Sammlungen bereit zu legen, was den Gästen konvernierte. Das Resultat dieser vielseitigen Bemühung wwar eine Geselligkeit, die in ihren besten Augenblicken die Lebensfülle und Ausgewogenheit eines Kunstwerks besaß." (Mit Goethe durch das Jahr, 1980, S. 110)

Zunächst interessierte natürlich, was bei Goethe auf den Tisch kam. Und damit konnten die Gäste in der Regel mehr als zufrieden sein. So schrieb Wilhelm Grimm, der bei Goethe zum Mittagessen geladen war, an seinen Bruder Jakob:

„Es war ungemein splendid, Gänseleberpasteten, Hasen und dergleichen Gerichte. Er war noch freundlicher, sprach recht viel und invitierte mich immer zum Trinken, indem er auf die Bouteille zeigte und leis brummte, was er überhaupt viel tat. Es war sehr guter roter Wein, und er trank fleißig; besser noch die Frau (...) Der Tisch dauerte von 1 bis halb 4, wo er aufstand und ein Kompliment machte, worauf ich mit Riener wegging." (13.12.1809)

Ausführlicher äußerte sich Friedrich Förster, der im Jahr 1821 im Goethehaus am Frauenplan weilte.

„Am liebenswürdigsten und heiter-geselligsten war Goethe am Mittagstische, wo jedoch die Eingeladenen nie die Zahl der Musen überschritten. Vor ihm stand eine Flasche alten Rheinweins, welche er ganz alleine zu leeren pflegte, wir anderen hatten uns aus den vor uns aufgestellten Flaschen nach Belieben zu versorgen. Auf den Küchenzettel, den er für gewönlich selbst angab, hatte die Anwesenheit von Gästen besonderen Einfluß. Es gab außer der *Suppe* gewöhnlich drei, höchstens vier Schüsseln: *Fleisch* mit *Gemüse* (er liebte ein nach italienischer Art zubereitetes Stuffato), dann gab es *Fisch, Braten* (zumeist Geflügel oder Wild) und, wie er erklärte, wegen der Damen eine *Süßspeise.* Er selbst zog ein Stück englischen oder Schweizer Käse vor. Das Zerlegen des Bratens, selbst wenn es ein schwieriges Wildziemer war, besorgte er eigenhändig, legte wohl auch einer begünstigten Tischgenossin ein ausgesuchtes Stück oder die zierlichste der Forellen vor." (24.7.1821)

Die Qualität des Essens muß so gut gewesen sein, denn Karl E. von Holtau hatte sich als Gast eine Lieblingsspeise auserkoren, nämlich *Pürree vom Wild mit Spiegeleiern.*

Darüber notiert er am 5.5.1827: „Unter den Gerichten befand sich eine Schüssel, an der ich mich vorzüglich beteiligte: Pürree von Wild mit Spiegeleiern. Ich war schon so heimisch geworden, daß ich, bei unausgesetztem Respekt vor dem Herrn des Hauses, von ihm freundlich ermuntert, tüchtig zulangte. Das war im kleinen Kreis. Wie ich dann ein Jahr später an einem größeren Diner teilhatte, fügte sichs, daß besagte sukkulente Speise sich wieder einstellte. Ich sprach ihr wieder lebhaft zu, doch am anderen Tischende wurden bereits die Teller gewechselt. Da richtete Goethe, von dem ich weit entfernt saß, seine Götteraugen auf meinen Teller, gab dem Diener einen Wink, und Zapfe

Sulzer suppE

200 g geriebene Semmeln (Semmelmehl)
120 g Butter
1$^{1}/_{4}$ l kräftige Rinderbrühe
2 Eigelb
Salz
Muskat

*

Zuerst läßt man 80 g von der Butter in der Pfanne schaumig
aus und röstet darin das Semmelmehl bis es gelblich braun ist.

*

Nun gibt man die heiße Bouillon zu, kocht nochmals auf und
läßt etwa 15 Minuten weiter köcheln.

*

Die mit etwas kalter Brühe verrührten Eigelbe werden unter
ständigem Rühren unter die heiße, aber nicht mehr kochende
Suppe gerührt. Abgeschmeckt wird mit Salz und wenig
Muskat.

*

Zum Schluß gibt man die restliche Butter in Form von gut
gekühlten Stückchen zu. Hier ist das Unterarbeiten mit dem
Mixstab sehr zu empfehlen, es geht aber auch unter Rühren
mit dem Quirl.

Durchgestrichene grüne Schotensuppe

1$^1/_2$ l kräftige Rinderbouillon
400 g gepulte Erbsen
120 g Kaiserschoten
1 Handvoll Petersilie
und ebenso viel Spinatblätter
120 g Butter
Salz
1 Prise Zucker
1 Brötchen

*

In $^1/_4$ Liter der Bouillon werden die Kaiserschoten bißfest
gegart und zur Seite gestellt.

*

In der restlichen Kraftbrühe gart man die gepulten Erbsen und
gibt zum Schluß die grobgehackten Petersilien- und Spinatblätter zu.

*

Nachdem alles nochmals gekocht hat, wird das Ganze durch
ein Sieb gestrichen. Mit dem elektrischen Passierstab der
heutigen Zeit geht es wesentlich besser. Auf das anschließende
Siebdurchstreichen sollte man jedoch nicht verzichten.

*

Zur durchgestrichenen Suppe gibt man die Hälfte der Butter
und schmeckt mit Salz und einer Prise Zucker ab.

Das Brötchen wird in nicht zu fein geschnittene Würfel geschnitten, die man in der restlichen Butter goldgelb röstet.

✳

Nun verteilt man die Suppe auf vier tiefe Teller, gibt obenauf
die gegarten Kaiserschoten und bestreut mit den krossen
Brötchenwürfeln.

GEKRÄUTERTE KOTELETTEN VON TAUBENBRÜSTCHEN MIT BUTTERCROUTONS

4 Stück junge, küchenfertige Tauben
200 g Butter
8 Scheiben Toastbrot
je ein kleines Bund Kerbel,
Schnittlauch und Petersilie
2 EL Speiseöl
Salz
Pfeffer aus der Mühle

✳

Das Fleisch der Taubenbrüste wird mit einem kleinen aber
sehr scharfen Messer von der Mitte des Brustbeines her so
abgelöst, daß jeweils an einer Brusthälfte der zugehörige
Flügelknochen bleibt. Dieser soll den Knochen gewöhnlicher
Koteletten ersetzen. Jede Taube liefert so zwei Koteletten.

✳

Von den übriggebliebenen Karkassen wird - nachdem man sie
kleingehackt hat - auf herkömmliche Art eine Sauce bereitet.

✳

Die Taubenkoteletten werden mit dem Handballen leicht und
gefühlvoll platiert und mit etwas Speiseöl bepinselt. Mit Salz
und Pfeffer aus der Mühle werden die Fleischstücke gewürzt.

Die Küchenkräuter zerkleinert man mittels Wiegemesser sehr fein und verteilt sie ebenfalls beidseitig auf den Taubenkoteletten. Das aufgebrachte Öl hilft bei der Haftung auf dem Fleisch. Nun wird das Ganze mit Folie abgedeckt und an einem kühlen Ort zum Marinieren gestellt.

*

Die Butter wird geschmolzen und von der Molke getrennt. In der Hälfte der geklärten Butter röstet man die von den Toastbrotscheiben kreisrund ausgestochenen Croutons schön goldgelb. Die andere Hälfte der Butter wird erhitzt und zum Braten der Koteletten verwendet. Beidseitig werden die Taubenbrüste je 2 - 3 Minuten gebraten.

*

Arrangiert wird auf einer Schüssel (Platte), wobei zwischen jedes Taubenkotelett ein knuspriger Brotcrouton gelegt wird. Die gut gewürzte Sauce wird extra in einer Sauciere gereicht.

Rippenbraten

1 kg mild gepökelte Jungschweinerippen
1 EL Kümmel
$^1/_4$ l helles Bier
30 g Schweineschmalz
$^1/_2$ EL schwarze Pfefferkörner
6 Wacholderbeeren
2 mittelgroße Zwiebeln
$^1/_4$ l Kraftbrühe
20 g Mehl
10 g Maisstärke
Pfeffer
Salz
1 kl. Bund Petersilie

✳

Die gewaschenen Rippchen in einen Bräter geben, mit dem Kümmel bestreuen und mit dem Bier aufgießen. Das Ganze bringt man zum Kochen und läßt die Flüssigkeit reduzieren. Nun gibt man das Schweineschmalz zu, wie auch die gepellte und in grobe Stücke zerteilte Zwiebel, die Pfefferkörner und die Wacholderbeeren.

✳

Die Rippchen werden öfter gewendet. Der Rippenbraten wird etwa 30 Minuten auf kleiner Flamme gegart. Danach nimmt man die Rippchen heraus und stellt sie warm. Der Bratensatz wird nun mit der Brühe losgekocht und mit dem in wenig Wasser angerührten Mehl und Maispuder gebunden. Die Sauce wird mindestens fünf Minuten gut durchgekocht.

Anschließend wird die Sauce durch's Sieb passiert, nachdem sie mit Pfeffer und Salz nachgewürzt wurde.

✳

Die Rippchen werden portioniert und auf der Schüssel (Platte) angerichtet, mit etwas Sauce überzogen und mit der gezupften Petersilie garniert. Die restliche Sauce reicht man in einer Sauciere extra.

Karpfen in Köstritzer schwarzbier

1,5 - 2 kg Karpfen (küchenfertig)
0,1 l trockener Rotwein
0,5 l Köstritzer Schwarzbier
Saft einer Zitrone
1 mittelgroße Zwiebel
50 g Sultaninen
250 g Möhren
150 g Knollensellerie
50 g Butter
30 g Mandelblättchen
60 g Honigkuchen
eine Prise Zucker
Pfeffer
Salz
1 Lorbeerblatt
1 - 2 Nelken.

✳

Der Karpfen wird wie üblich filetiert, enthäutet und in vier gleich große Stücke geteilt. In einer feuerfesten Form wird der Karpfen gepfeffert und mit dem Rotwein übergossen. Im Kühlschrank läßt man den Fisch nun 2 - 3 Stunden marinieren. Danach wird die feuerfeste Form erhitzt, nachdem man den Fisch noch einmal gesalzen, Lorbeerblatt, Nelken wie auch die in feine Würfel geschnittene Zwiebel zugegeben und mit dem Schwarzbier das Ganze übergossen hat.

✳

Der Fisch sollte kurz aufkochen und dann bei geringer Hitze garziehen. Inzwischen werden die geputzten Möhren und der Sellerie in dünne Stifte geschnitten, die Sultaninen in etwas Wasser eingeweicht.

Die Gemüsestifte werden in etwas Butter bißfest gedünstet. Nun wird der Karpfen aus dem Sud genommen. Der Sud wird mit geriebenem Honigkuchen gebunden und glatt gerührt. Mit Pfeffer, Salz, wenig Zucker und Zitrone abschmecken und die abgetropften Sultaninen zugeben.

*

Die gedünsteten Gemüsestifte werden über den Karpfen gegeben und mit der Sauce übergossen. Mit den Mandelblättchen das Gericht bestreuen und Petersilienkartoffeln dazu reichen.

Salat von Garten-Gewächsen zum Diner

1 kleiner Kopf Blumenkohl
1 kleine Salatgurke
200 g junge grüne Bohnen
2 handelsübliche Schalen Gartenkresse
1 Tasse feiner Weinessig
100 g Sonnenblumenöl
Pfeffer
Salz
1 Teelöffel französischer Senf

∗

Die geputzten Blumenkohlröschen und Bohnen werden im Salzwasser bißfest gegart und alsbald in Eiswasser, dem man ebenfalls Salz zugefügt hat, gelegt. So bleibt einerseits die schöne Farbe des Gemüses und zum anderen der arteigene Geschmack erhalten.

∗

Die grüne Gurke wird geschält und längs aufgeschnitten. Mit einem Löffel werden die Kerne herausgeschält. Anschließend schneidet man die Gurke in halbzentimeterstarke Halbmonde und gibt diese für 1-2 Minuten in kochendes Salzwasser, dem man ein wenig vom Essig zugesetzt hat. Auf einen Durchschlag gegossen werden die Gurkenstücke anschließend auf einer Platte breit ausgelegt rasch ausgekühlt.

∗

Angerichtet wird der Salat auf einer sogenannten Schüssel (Platte), indem in der Mitte die Blumenkohlröschen wieder zum Kopf zusammengesetzt werden. Die Bohnen werden aufrechtstehend darum geordnet. Nun folgen die Gurken wie ein Kranz darum. Außen bildet die mit einer Schere abgeschnittene Kresse wiederum als Kranz den Abschluß.

Die Salatsauce wird aus dem restlichen Essig, dem Öl und dem
französischen Senf gerührt. Gewürzt wird mit gemahlenem
Pfeffer und Salz.

＊

Die Salatsauce wird mit einem Löffel möglichst gleichmäßig
über dem Salat verteilt.

WARMER KRAUTSALAT
MIT KARTOFFELSCHEIBEN

800 g geputzter Weißkohl
100 g Gänseschmalz
100 g durchwachsener Speck
1 mittelgroße Zwiebel
1/2 Tasse Apfelessig
150 g gekochte Pellkartoffeln
Salz
Pfeffer

*

Von den verputzten Krautvierteln werden sehr feine Streifen
geschnitten oder gehobelt, die mit etwas Salz vermischt und
leicht geknetet werden. Das Kraut fällt dabei zusammen.

*

Nun gibt man in eine Pfanne die Hälfte des Gänseschmalzes
und erwärmt es. Da hinein gibt man das vorbehandelte Kraut
und erwärmt es auf kleiner Flamme - auch der vorgeheizte
Backofen ist sehr gut geeignet. Das Kraut darf jedoch keine
Farbe nehmen.

*

In einer anderen Pfanne wird das restliche Gänseschmalz
erhitzt, in dem der in feine Würfel geschnittene durchwachsene Speck ausgelassen wird.

*

Die gepellte Zwiebel wird halbiert und in sehr dünne Scheiben
geschnitten. Diese gibt man zum ausgelassenen Speck und
läßt mehrfach kurz aufwallen, ohne die Zwiebeln Farbe
nehmen zu lassen. Dieser Ansatz kommt zum erwärmten
Kraut wie auch der zum Siedepunkt gebrachte Essig.

Der Salat wird vollendet indem die gegarten und gepellten Kartoffeln, die noch warm in nicht zu dicke Scheiben geschnitten wurden, unter den Salat gemengt werden und mit Salz und Pfeffer abgeschmeckt wird.

FEINES APFELKOMPOTT ZUM DINER

500 g feste und nicht mehlige Äpfel
100 g Zucker
150 g Zwetschgen
150 g Renecloden
50 g eingelegte, kandierte schwarze Walnüsse
1 EL Weizen- oder Maispuder
etwas abgeschälte Zitronenschale

*

Die Äpfel werden geschält und geviertelt, die Zwetschgen und
Renecloden vom Stein befreit.

*

Der Zucker wird in einem halben Liter Wasser mit etwas dünn
abgeschälter Zitronenschale erhitzt, bis er restlos aufgelöst ist.

*

In dem kochenden Zuckerwasser werden nacheinander die
Äpfel, Zwetschgen und Renecloden gegart und zum Abtropfen
auf einen Durchschlag gelegt.

*

Zum Schluß wird der Fond mit dem in etwas Wasser angerührten Weizen- oder Maispuder angedickt. Die Zitronenschale
entfernt man vorher.

Auf einer Schüssel (Platte) werden die Apfelstücke abwech-
selnd mit Zwetschgen und Renecloden zu einer Pyramide
aufgeschichtet. Die eingelegten schwarzen Walnüsse schneidet
man in dünne Scheiben und legt sie rundum zur Verzierung
geschmackvoll an.

*

Zuletzt gießt man den abgekühlten, eingedickten Saft über die
Apfelpyramide.

SCHOKOLADENSUPPE

1 l Milch
250 g geriebene Blockschokolade
125 g Zucker
1 Vanilleschote
1 Stück Zimtrinde
100 g Kochsahne
3 Eigelb
4 Scheibchen Zwieback

*

Die Milch läßt man mit dem Zucker, der längs aufgeschlitzten
Vanilleschote und der Zimtrinde aufkochen und am Herdrand
noch etwa fünf Minuten ziehen.

*

Nun nimmt man die Vanilleschote und die Zimtrinde heraus
und gibt die Schokolade dazu. Das Ganze wird nochmals zum
Kochen gebracht. Die mit der Kochsahne gut verquirlten
Eigelbe gibt man unter ständigem Rühren in die vom Feuer
genommene Suppe.

*

Der Zwieback wird in nicht zu kleine Stücke gebrochen und
auf vier tiefe Teller verteilt.

*

Nun wird die heiße Suppe darübergegossen und sofort zu
Tisch gebracht.

WILDPÜREE MIT SPIEGELEIERN

500 g Reste vom gekochten oder gebratenen Wild
150 g Stockschwämmchen aus der Dose oder Feinfrost
$^1/_4$ l braune Bratensauce
Salz
weißer Pfeffer
8 Eier
150 g Butter

*

Das restlos vom Knochen und Knorpelteilen befreite Fleisch
wird fein gehackt und mit dem Allesschneider fein gekuttert.

*

In der Hälfte der Butter werden die Stockschwämmchen kurz
angeschwenkt, bevor sie mit dem pürierten Fleisch in die
kochende Sauce gegeben werden. Es sollte ein weiches Püree
entstehen.

*

Mit weißem Pfeffer aus der Mühle und Salz wird es abgeschmeckt.

*

Wünscht man das Püree etwas herzhafter, kann man auch
etwas fein geschnittenen, durchwachsenen Speck und Zwiebelwürfel auslassen und zugeben.

*

In der restlichen Butter werden die Eier als Spiegeleier
gebraten, die mit etwas Salz gewürzt werden.

*

Angerichtet wird das Gericht, indem man das Wildpüree dünn
auf die Teller streicht und obenauf die Spiegeleier legt.

*

Nach Belieben garnieren und ofenwarmes Brot dazu reichen.

reichte mir noch einmal die Schüssel, zärtlich flüsternd: Der Herr Geheimrat schickt mich."

Goethe selbst nahm seine Rolle als Gastgeber am Tisch sehr ernst. Er sorgte dafür, daß alle Gäste gut bewirtet und versorgt wurden. Dabei scheute er sich selbst nicht, mit anzufassen. Seine Tranchierfähigkeiten beispielsweise waren allgemein bekannt. Auf der anderen Seite kritisierte er natürlich auch seine Gäste, wenn diese einen Faux Pas begingen. So Wilhelm von Zahn, dem folgendes passierte:

„Als ich mich zur bestimmten Stunde einstellte, fand ich Goethe und seine Gäste schon anwesend. Alle waren im Frack. - Die Speisen waren außergewöhnlich wohlschmeckend, und der Wein mindestens ebenso gut. Ich wollte mir einen klaren Kopf erhalten, weshalb ich Wasser unter meinen Wein goß. Goethe bemerkte es und äußerte tadelnd: Wo haben Sie denn diese üble Sitte gelernt? Er hatte eine ganze Flasche geleert und schenkte sich noch aus einer zweiten ein Glas ein, während man uns schon den Kaffee reichte..." (7.9.1827)

Neben der Aufgabe zu tranchieren, bewies Goethe aber auch, daß er im Bereich des Essens praktische Fähigkeiten besaß. Dieses wird durch eine Beobachtung bestätigt, die Joh. Christian Schuchardt machte.

„Während Goethe den Salat zubereitete, versicherte er mir, daß er selbst einen neuen Salat erfunden habe aus eingemachten Gurken. - Als *Artischocken* aufgetragen wurden, mochte er wohl merken, daß ich über die Behandlungsweise derselben verlegen war, und belehrte mich, wie sie zu essen seien." (5.9.1828)

Es gab natürlich auch viele Tage, an denen keine oder nur wenige Gäste sich zum Essen im Hause von Goethe aufhielten. Dann zeigte sich Goethe als aufmerksames Familienoberhaupt, scheute sich aber auch nicht, gelegentlich in die Zeitung zu blicken. Johann Peter Eckermann weiß von einem solchen Essen im Kreis der Familie zu berichten.

„Diesen Mittag war ich das erste Mal bei Goethe zu Tische. Es waren außer ihm nur Frau von Goethe, Fräulein Ulrike und der kleine Walter gegenwärtig, und wir waren also bequem unter uns. Goethe zeigte sich ganz als Familienvater: er legte alle Gerichte vor, tranchierte gebratenes Geflügel und zwar mit besonderem Geschick, und verfehlte auch nicht mitunter einzuschenken. Wir anderen schwatzten munteres Zeug über Theater, junge Engländer und andere Vorkommnisse des Tages; besonders war Fräulein Ulrike sehr heiter und in hohem Grade unterhaltend. Goethe war im ganzen still, indem er von Zeit zu Zeit als Zwischenbemerkung mit etwas Beutendem hervorkam. Dabei blickte er hin und wieder in die Zeitungen und teilte uns einige Stellen mit, besonders über die Fortschritte der Griechen.

Es kam dann zur Sprache, daß ich noch Englisch lernen müsse, wozu Goethe dringend riet, besonders des Lord Byron wegen, dessen Persönlichkeit von solcher Eminenz, wie sie nicht dagewesen und wohl schwerlich wiederkommen werde. Man ging die hiesigen Lehrer durch, fand aber keinen von einer durchaus guten Aussprache, weshalb man es für besser hielt, sich an junge Engländer zu halten. Nach Tische zeigte Goethe mir einige Exemplare in Bezug auf Farbenlehre. Der Gegenstand war mir jedoch durchaus fremd, ich verstand sowenig das Phänomen als das, was er darüber sagte; doch hoffte ich, daß die Zukunft mir Muße und Gelegenheit geben würde, in dieser Wissenschaft einigermaßen heimisch zu werden." (19.10.1823)

Das Essen war bei Goethe nicht nur Nahrungsaufnahme, sondern hatte immer auch eine wichtige kommunikative Bedeutung. So waren die Tischgespräche oftmals wichtiger als das Essen selbst. Dabei ging es nicht nur um Goethes Farbenlehre und die Bedeutung der englischen Sprache, sondern auch um das Essen, beispielsweise um die Berliner Küche.

„Goethe entschuldigte sich zwar, als er meiner Frau den Arm bot, um sie zu Tisch zu führen, daß er im Oberrock komme und einen grünen Schirm über den Augen trage, da er etwas Rheumatisches empfände. Allein bei Tisch legte er den Schirm wieder ab und ließ weder seinen Teller noch sein Glas feiern. - Irgendein Gericht, welches auf den Tisch kam, gab Veranlassung, die Damen über die Berliner Küche zu examinieren, und Goethe weilte mit sichtbarem Wohlgefallen bei diesem Gespräch. Er rühmte, daß ihn sein Freund Zelter sehr gewissenhaft mit märkischen *Rübchen* versorge. ,Man spricht', sagte er, ,so oft davon, daß die Berliner Zeitungen so uninteressant wären; ich für meinen Teil vermeide sie zu lesen, weil sie für mich zu großen Reiz haben, denn da gibt es ganze Seiten voll verführerischer

ARTISCHOCKEN
MIT PARMESANKÄSE

4 große Artischocken
2 Zitronen
2 Eßlöffel Olivenöl
2 Brötchen
200 g Butter
$^3/_4$ l Bechamelsauce
120 g geriebener Parmesankäse
80 g Semmelmehl
250 g gekochte und gehäutete Rinderzunge

✳

Zuerst schneidet man die Stiele der Artischocken von der unteren Seite soweit ab, bis das helle Fleisch zu sehen ist. Mit einer Schere schneidet man die stachligen Blattspitzen zurück und entfernt das Heu aus der Artischockenmitte.

✳

Reichlich Salzwasser wird zum Kochen gebracht, in das man die in Scheiben geschnittenen Zitronen gibt. Auf die Wasseroberfläche gießt man das Olivenöl.

✳

Nun werden die Artischocken so lange gegart, bis sich die Blätter mühelos auszupfen lassen. Mit einem Schaumlöffel nimmt man die Artischocken aus dem Sud, so daß ein Ölfilm auf dem Gemüse bleibt. Während des Garens hat man die Brötchen in fingerdicke Scheiben geschnitten und in der Hälfte der Butter goldgelb geröstet. Diese Röstbrotschnitten legt man in eine feuerfeste Form und begießt sie mit Bechamelsauce.

Nun setzt man die Artischocken darauf und übergießt mit der restlichen Sauce. Parmesankäse und Semmelmehl werden vermischt und über die Artischocken gestreut. Die restliche Butter wird zerlassen und über das Ganze geträufelt. Nun gratiniert man das Gemüse im vorgeheizten Ofen bei 200° C bis es eine braune Färbung annimmt. Das Gericht wird mit der in Scheiben geschnittenen Pökelzunge umlegt.

TELTOWER RÜBCHEN, WIE SIE DER GEHEIMRAT GOETHE MOCHTE

1 kg Teltower Rübchen
150 g küchenfertige Eßkastanien
60 g Kristallzucker
¹/₄l Kochsahne
50 g Butter
30 g Weizenmehl
1 kleines Blatt Liebstock oder ersatzweise etwas Speise-
würze, Salz, weißer Pfeffer

✻

Die Rübchen werden zuerst sehr dünn geschält oder - wie wir es handhaben - zuerst im Dampf gegart, in Eiswasser abgeschreckt und dann verputzt. Das geht nach unserer Erfahrung etwas einfacher, denn die Arbeit ist schon recht mühsam.

✻

Wer möchte, kann auch die zarten Herzblättchen an den Rübchen belassen. Sie sehen einerseits dekorativ aus und beinhalten andererseits - ähnlich beim Kohlrabi - wertvolle Vitamine.

✻

Will man die Rübchen nach dem Garen noch einige Zeit aufbewahren, bevor sie weiter zubereitet werden, lagert man sie in Salzwasser, dem man etwas Apfelweiß zusetzt, damit sie nicht braun werden. Ein altes Mittel gegen die Verfärbung der verputzten Rübchen ist das Bestreuen mit Weizenmehl in einer abgedeckten Schüssel aus Glas oder Porzellan. Vor dem Kochen werden sie dann sauber abgewaschen und bleiben so ebenfalls schön weiß.

Nun werden die Rübchen und die Eßkastanien mit der Kochsahne zum Kochen gebracht. Parallel dazu bräunt man den
Zucker in einer trockenen Pfanne. Zum Süßkochen gibt man
den gebräunten Zucker zu den Rübchen. Nun dickt man das
Gemüse mit der vorab gut vermischten Butter und dem Mehl
an. Die Mehlbutter wird dabei in verschiedenen Etappen
zugegeben, bis man beim ständigen Rühren die gewünschte
Konsistenz erreicht.

✳

Mit Salz und einer Spur weißem Pfeffer aus der Mühle wird
gewürzt. Zum Schluß gibt man das in sehr feine Streifen
geschnittene Liebstockblatt zu. Ersatzweise kann man auch
mit etwas Speisewürze ähnlichen Effekt erzielen.

✳

Dieses Gemüse paßt zu allerlei hellen und dunklen Fleisch-
speisen, auch zu Geflügel und zum Wild.

Artikel, als da sind: die großen *Präsentaustern*, großkörniger Astrachanischer Kaviar, *Delikatesse-Heringe* und was weiß ich alles; aber ich will mich wohl hüten, es zu verraten, denn sonst kommt mein heutiger Küchenzettel zu kurz dabei.'" (Friedrich Förster, 25.8.1831)

Bemerkenswert ist auch, daß man nach dem Essen nicht aufstand, sondern oft noch stundenlang sitzen blieb, sich unterhielt oder, wie an einem Abend, sich mit neckischen Tischspielen zur Unterhaltung die Zeit vertrieb.

„Gleich den ersten Abend war eine Gesellschaft Schauspieler und Schauspielerinnen da, die sich immer bei Goethe des Sonntags zu Leseübungen versammeln. Es wurde aus meines Vaters Luise gelesen. An ihn kam die Stelle von der Trauung...was Schöneres hab ich nie gehört!

Mir war es lieb, daß die Vorlesung bald abgebrochen wurde, und wir uns zum Abendessen vereinten. Es wurde bei Tische gescherzt, gelacht, und Goethe war fast am lustigsten. Ich bat gegen Ende der Mahlzeit den Hofmeister von Goethes August, mir einen Schlag zu geben, mit den Worten: Schick weiter! Ich gab ihn meiner Nachbarin Silie und diese ihrem Nachbarn, und so ging's weiter bis zur Maaß, die neben Goethe saß. Die Maaß stutzte ein wenig, doch entschloß sie sich endlich, Goethe endlich einen tüchtigen Klaps zu geben. Goethe drehte sich zu ihr und küßte sie und drauf seine andre Nachbarin mit den Worten: Schick's weiter! Die will durchaus nicht, wahrscheinlich weil ihr der Nachbar nicht anstand. Nun, sagt Goethe, wenn's so herum nicht will, muß es retour gehen, läßt sich wieder küssen, küßt wieder die Maaß, und so geht's fort bis auf die kleine Silie, die mir den letzten Kuß gab. Nun denk Dir den armen Riemer, der neben mir saß und leer ausging, weil bei mir die bunte Reihe aufhörte, und noch dazu belacht wurde, als Goethe den Urheber des Scherzes erfragte und alle auf Riemer wiesen." (Heinrich Voß, 1804)

Karl von Holtei (1798-1880), der Schauspieler und Theaterdirektor war, berichtet über ein Tischgespräch, das in Goethes Wohnhaus am Frauenplan geführt wurde:

„Wir waren eines Tages vorzugsweise vergnügt bei Tische, und auch die ernsteren Genossen wurden gesprächig. Da rollte ein Wagen dumpf und leise über den Platz vor Goethes Hause. Ein Wagen auf dem Plan ist an und für sich nichts Gewöhnliches,

IN DER EIGENEN SCHALE GEGARTE AUSTERN

12 frische Austern
100 g sehr feines Semmelmehl
180 g Butter
1 Zitrone
4 Sträußchen Petersilie zur Garnitur

∗

Zuerst werden die frischen Austern mit dem nötigen
Brechwerkzeug vorschriftsmäßig geöffnet, von eventuellen
Schalensplittern befreit und gesäubert.

∗

Vorsichtig wird die Auster vom Schalenboden getrennt. Sie
sollte im eigenen Meerwasser liegenbleiben. Deshalb ist es
ratsam, die geöffneten und wie beschrieben vorbereiteten
Austern in ihren Schalen auf ein mit Salz gefülltes Blech zu
legen. So können sie problemlos weiterverarbeitet werden,
ohne daß sie umkippen können.

∗

Die Butter wird in einer Kaserolle ausgelassen und vorsichtig
zu heller Farbe gebräunt. Nun bestreut man jede Auster mit
etwas feinem Semmelmehl und gibt obenauf einen Löffel
gebräunter Butter.

∗

Jetzt werden die Austern unter dem Salamander oder in der
Backröhre gegart, bis die Butter etwas aufschäumt. Die
Austern werden zu je drei Stück pro Gast mit Zitronenkeilen
und einem Sträußchen Petersilie zur Garnitur zu Tisch gebracht.

GEBACKENE HERINGSHAPPEN MIT PÜREE VON GRÜNEN ERBSEN

600 g Filets vom gewässerten Salzhering
2 Stck. Eiklar
200 g gesiebtes Semmelmehl
Backfett
80 g Butter
500 g grüne Erbsen
2 mittelgroße gepellte Zwiebeln
Salz
Zucker
weißer Pfeffer
Senf

✳

Die sauber filetierten Heringe werden in etwa 5 - 6 cm lange
gleichgroße Stücke geschnitten.

✳

Die in sehr feine Würfel geschnittenen Zwiebeln werden in zwei
Teile getrennt. In einem Teil werden die mit Senf dünn bestri-
chenen Heringsfilets gewälzt. Der andere Teil wird in der
geschmolzenen Butter glasig gedünstet.

✳

Die gegarten grünen Erbsen werden durch das Passiersieb
gestrichen, so daß ein feines Püree entsteht. Dieses gibt man
zu den glasigen Zwiebeln und würzt mit einer Prise Zucker, mit
Salz und weißem Pfeffer.

Mit Zwiebelwürfeln behaftete Heringshappen werden durch das mit wenig Wasser verquirlte Eiklar gezogen und anschließend im gesiebten Semmelmehl paniert.

*

Im heißen Backfett goldbraun ausgebacken werden die Heringshappen um je eine Portion Erbspüree angerichtet.

*

Früher reichte man zu diesem Gericht gerne gebackenen Rindsmagen.

*

Mit Petersilien- oder Schnittlauchkartoffeln komplettiert ist es jedoch auch ein köstliches, selbständiges Fischgericht.

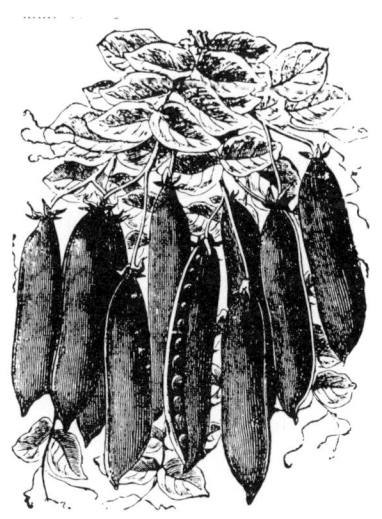

und dieser rollte gar ungewöhnlich. Goethe sah, daß ich aufmerksam hinhorchte, und zum Präsidenten von Schwendler, welcher an seiner Rechten saß, gewendet, sprach er: Es war einmal ein Römer - zwar weiß ich in diesem Augenblicke nicht, wie der verdammte Kerl hieß, und es ist auch nichts daran gelegen - der pflegte, wenn er seine Gäste gut traktiert hatte, plötzlich und unerwartet ein künstlich zusammengefügtes Totengerippe quer über der Tagel vor ihnen aufzurollen, um sie daran zu mahnen, daß auch sie samt allen Delikatessen, die sie bei ihm gefressen, zu Staub und Moder werden müßten. Da ich nun auf dergleichen Moralpredigten nicht verfallen bin, so sorgt hier unser Polizeidirektor dafür und läßt den Leichenwagen, der sonst einen anderen Weg verfolgte, jetzt bei uns vorbeifahren. Und weil die guten Leute es lieben, sich um die Stunde begraben zu lassen, wo ich speise, so ist das in seiner Art immer ein sehr hübsches ,Memento mori'!" (Goethe im Gespräch, S. 189)

Ernst Förster war am 9. November des Jahres 1825 bei Goethe zum Mittagessen eingeladen, Nicht überliefert ist, was es zu essen gab, aber die Ereignisse bei Tisch haben Ernst Förster dermaßen beeindruckt, daß er diese zu Papier brachte.

„Für den 9. November war ich von Goethe zu Mittag geladen. Ich hoffe, sagte er beim Eintritt, Sie heute mit den Männern bekannt zu machen, die bei uns die Kunst repräsentieren. Und in der Tat war bald eine zahlreiche und höchst interessante Gesellschaft versammelt. Man setzte sich nach angewiesenen Plätzen zu Tisch...

Im Laufe der Mahlzeit wurde das Gespräch auf eine - vielleicht nur mich - überraschende Weise unterbrochen. An dem einen Ende der Tafel wurde es unruhig; man räusperte sich, gab ein leichtes Zeichen am Glas, und ein vierstimmiger Gesang ward angestimmt. Es gehörte die schöne Sitte, das Mahl mit Gesängen zu würzen — wie mir Eckermann vertraute - zu Goethes besonderen Tafelfreuden bei festlichen Gelegenheiten, und so folgte auch heute nach jedem Gang ein Gesang. Unter andern war das Lied angestimmt worden:

Mich ergreift, ich weiß nicht wie, /
Himmlisches Behagen. /
Will michs etwa gar hinauf /
Zu den Sternen tragen? /
Doch ich bleibe lieber hier, /

Kann ich redlich sagen, /
Beim Gesang und Glase Wein /
Auf den Tisch zu schlagen. /
Nach Beendigung desselben hub Goethe an: Man schreibt
sonst den Gerüchen die besondere Kraft zu, Erinnerungen zu
wecken: Musik und Gesang wirken ebenso nachdrücklich in der
gleichen Richtung. So steht jetzt lebhaft der Abend vor mir, für
welchen ich das Lied, das man eben sang, gedichtet habe. Es war
vor der Abreise unseres Erbprinzen nach Paris, als ein Freundeskreis um ihn versammelt war. Schiller hatte für denselben Abend
sein bekanntes Lied an den Erbprinzen geschrieben, das wir
damals nach der Rheinweinliedmelodie sangen. Jetzt steht nun
der Abend, Schiller, der Kreis der Freunde, der Abschied: alles
bis auf den kleinsten Zug vor meiner Seele. - Nach dem Dessert
setzte sich Hummel ans Instrument und gab dem kleinen Fest
mit einer heiteren und reichen Phantasie einen glänzenden
Schluß.

Hier sind wir versammelt zu löblichem Tun,
Drum. Brüderchen! Ergo bibamus.
Die Gläser sie klingen, Gespräche sie ruhn,
Beherziget Ergo bibamus.
Das heißt noch ein altes, ein tüchtiges Wort,
Es passet zum ersten und passet so fort,
Und schallet ein Echo vom festlichen Ort,
Ein herrliches Ergo bibamus!

Was sollen wir sagen zum heutigen Tag?
Ich dächte nur: Ergo bibamus.
Er ist nun einmal von besonderem Schlag,
Drum immer aufs neue: Bibamus.
Er führet die Freude durchs offene Tor,
Es glänzen die Wolken, es teilt sich der Flor.
Da leuchtet ein Bildchen, ein göttliches vor;
Wir klingen und singen: Bibamus.«

„Da habe ich mich ja umsonst besoffen!"

E ine ganze Reihe von Anekdoten über Goethe sind überliefert, die sich im weitesten Sinne mit Essen und
Trinken beschäftigen. Eine ereignete sich am 27. August
1818 in Karlsbad.

„Der treue Diener Goethes, Karl, erhält am 27. August früh
Befehl, zwei Flaschen Rotwein nebst zwei Gläsern heraufzu-
bringen und in den gegenüberliegenden Fenstern aufzustelllen.
Nachdem dies geschehen, beginnt Goethe seinen Rundgang im
Zimmer, wobei er in angemessenen Zwischenräumen an einem
Fenster stehen bleibt, dann am andern, um jedes Mal ein Glas zu
leeren. Nach geraumer Weile betritt Rehbein, Goethes Arzt, der
ihn nach Karlsbad begleitet hatte, ein.

Goethe: Ihr seid mir ein schöner Freund! Was für einen Tag
haben wir heute und welches Datum?

Rehbein: Den 27. August, Exzellenz.

Goethe: Nein, es ist der 28. und mein Geburtstag.

Rehbein: Ach was, den vergeße ich nie; wir haben den 27.

Goethe: Das ist nicht wahr! Wir haben den 28.

Rehbein (determiniert): Den 27.!

Goethe (klingelt, Karl tritt ein): Was für ein Datum haben wir
heute?

Karl: Den 27., Exzellenz.

Goethe: Daß dich - Kalender her! (Karl bringt den Kalender).

Goethe (nach langer Pause): Donnerwetter! Da habe ich mich ja
umsonst besoffen!"

Frühstück und Gesteine in einem Korb

Der Marienbader Korb

Über einen Ausflug, den Goethe mit Eckermann nach Bad Berka unternahm, wußte dieser zu berichten:

„Mit Goethe nach Berka. [...] Im Wagen zu unseren Füßen lag ein aus Binsen geflochtener Korb mit zwei Handgriffen, der meine Aufmerksamkeit erregte. ‚Ich habe ihn‘, sagte Goethe, ‚aus Marienbad mitgebracht, wo man solche Körbe in allen Größen hat, und ich bin so an ihn gewöhnt, daß ich nicht reisen kann, ohne ihn bei mir zu führen. Sie sehen, wenn er leer ist, legt er sich zusammen und nimmt wenig Raum ein; gefüllt dehnt er sich nach allen Seiten aus und faßt mehr, als man denken sollte. Er ist weich und biegsam und dabei so zähe und stark, daß man die schwersten Sachen darin fortbringen kann.‘ ‚Er sieht sehr malerisch und sogar antik aus‘, sagte ich. ‚Sie haben recht‘, sagte Goethe, 'er kommt der Antike nahe, denn er ist nicht allein so vernünftig und zweckmäßig als möglich, sondern er hat auch dabei die einfachste, gefälligste Form, so daß man also sagen kann: er steht auf dem höchsten Punkt der Vollendung. Auf meinen mineralogischen Exkursionen in den böhmischen Gebirgen ist er mir besonders zustatten gekommen. Jetzt enthält er unser Frühstück. Hätte ich einen Hammer mit, so möchte es auch heute nicht an Gelegenheit fehlen, hin und wieder ein Stückchen abzuschlagen und ihn mit Steinen gefüllt zurückzubringen!'" (Eckermann, Gespräche, 24. Sept. 1827)

Am 26. September 1827 begaben sich Goethe und Eckermann von Weimar zu einem Picknick in das Saale-Unstrut-Gebiet. Über das Frühstück im Grünen berichtet Eckermann:

„Wir waren jetzt oben auf der Höhe und fuhren rasch weiter. Weimar war rückwärts nicht mehr zu sehen, das breite Tal der Unstrut, mit vielen kleinen Dörfern und Städten, lag in der heitersten Morgensonne vor uns.

‚Hier ist es gut sein!‘, sagte Goethe, indem er halten ließ. ‚Ich dachte, wir versuchten, wie in dieser guten Luft uns etwa ein kleines Frühstück behagen möchte.‘

Wir stiegen aus und gingen auf dem trockenen Boden am Fuße
halbwüchsiger, von vielen Stürmen verkrüppelter Eichen einige
Minuten auf und ab, während Friedrich das mitgenommene
Frühstück auspackte und auf einer Rasenerhöhung ausbreitete.
Die Aussicht von dieser Stelle in der klaren Morgenbeleuchtung
der reinsten Herbstsonne war in der Tat herrlich. Wir setzten uns
mit dem Rücken nach den Eichen zu, so daß wir während dem
Frühstück die weite Aussicht über das halbe Thüringen immer
vor uns hatten, und ich dachte an die Verse:
Weit, hoch, herrlich der Blick
Rings ins Leben hinein!
Von Gebirg zu Gebirg
Schwebet der ewige Geist,
Ewigen Lebens ahndevoll.
Wir verzehrten indes ein paar gebratene Rebhühner mit fri-
schem Weißbrot und tranken dazu eine Flasche sehr guten Wein,
und zwar aus einer biegsamen feinen goldenen Schale, die
Goethe in einem gelben Lederfuteral bei solchen Ausflügen
gewönlich bei sich führt. ‚Ich war oft an dieser Stelle', sagte er,
‚und dachte in späteren Jahren sehr oft, es würde das letzte Mal
sein, daß ich von hier aus die Reiche dieser Welt und ihre
Herrlichkeit überblickte. Allein es hält immer noch einmal zusammen, und ich hoffe, daß es auch heute nicht das letzte Mal
ist, daß wir beide uns hier einen guten Tag machen.'"

„Das ist ein guter Anfang"

Im allgemeinen gilt Goethe im Hinblick auf sein Eßverhalten nicht unbedingt als pingelig, dennoch legte er viel Wert auf Stil und war kulinarischen Genüssen nicht abgeneigt. Diese wird deutlich, als Goethe sich 1828 in Dornburg aufhielt. Darüber berichtet K.A.CH. Sckell, der Schloßvogt von Dornburg:

„Am Morgen nach der Ankunft Goethes in Dornburg erhielt er den Kaffee aus meiner Küche; das Frühstück und Mittagessen wurden aus dem Ratskeller geholt. Beides behagte ihm nicht. Ich machte den Vorschlag, das Essen bei dem Gastwirt ‚Zum Schieferhof' in Naschhausen zu bestellen, aber auch hier war Goethe nicht zufrieden. Er trug seinem Sekretär auf, sich wegen der Beköstigung an mich (den Schloßvogt von Dornburg), zu wenden. Der Sekretär stellte mir das Unangenehme der Situation Goethes so lebhaft vor, daß ich mich endlich bereit erklärte, Goethes Tisch zu übernehmen. Ich sandte Boten auf die umliegenden Dörfer nach Geflügel, Fischen, Aalen und Wildpret. Meine Küche war bald bestellt, um die Zubereitung der Speise durch meine Frau durfte ich ohne Sorge sein. Schon nach dem ersten Frühstück sagte Goethe: ‚Das ist ein guter Anfang!' und nach dem aus fünf Gängen bestehenden Mittagessen, kam er zu mir und meiner Frau und erklärte: ‚Fahren Sie so fort, guter Freund! Auf diese Weise werden Sie mich aber so bald nicht los werden.' - Um 11 Uhr stellte sich in der Regel Besuch bei Goethe ein, sodaß ich fast täglich sechs bis zehn Personen zum Mittagtisch hatte. Die Tafel begann gewöhnlich um halb 2 Uhr und dauerte bis vier Uhr. Die Fremden reisten dann sofort ab, Goethe begab sich in den Garten, blieb dort bis halb 6 Uhr, aß darauf stets eine Franzsemmel und trank ein Viertel Moselwein. Von da blieb er auf seinem Zimmer oder ging bei schöner Witterung wiederholt einige Male im Garten auf und ab. Sitzend habe ich ihn dort nie angetroffen. - Auf diese Weise lebte er sehr mäßig und nach einer bestimmten vorgezeichneten Ordnung. Bei der Mittagtafel wurden, außer einem guten Tischwein, selbst bei acht bis vierzehn Gästen höchstens zwei Flaschen Champagner getrunken. Vorzugsweise liebte Goethe unter den Speisen *Kompotts* aus Birnen, *Kirschen* und *Himbeeren*. Außer dem von ihm

selbst bereiteten Salat aus Artischocken, die er nebst feinem
Provenceöl aus Frankfurt am Main hatte kommen lassen, genoß
er keine Salate. Auch Milchspeisen waren nicht nach seinem
Geschmack, so wenig wie feines Backwerk und Torten, die Frau
von Goethe, seine Schwiegertochter, mitgebracht hatte, die aber,
nachdem meine Frau und meine Kinder davon erhalten hatten,
mit auf die Tafel gegeben wurden."

„Sei mir heute nichts zuwider!
Fühle mich so frank und frei;
Frische Lust und heitre Lieder,
Holt ich selbst sie doch herbei.
Und so trink ich! trinke! trinke!
Steeßet an, ihr! Tinke-tinke!
Du dort hinten, komm heran!
Steeßet an, so ists getan."

Kirsch-Kaltschale
zum Diner

500 g Sauerkirschen
200 g Zucker
1 Stück Zimtrinde
$^1/_4$ l Wasser
Schale einer halben überbrühten Zitrone
$^3/_4$ l halbtrockener Weißwein
4 Scheiben Zwieback

✳

Zuerst kernt man die Sauerkirschen aus und setzt sie mit dem
im Wasser gelösten Zucker, der Zimtrinde und mit der Zitronenschale auf's Feuer. Das Ganze wird zum Kochen gebracht
und dann noch 2-3 Minuten auf kleiner Flamme belassen. Nun
läßt man den Ansatz wieder erkalten und nimmt anschließend
Zitronenschale und Zimtrinde wieder heraus.

✳

Der Wein wird im Kühlfach gut vorgekühlt. Je nach Tempera-
turwunsch stellt man den Kaltschale-Ansatz auch noch einige
Zeit in den Kühlschrank. Kurz vor dem Servieren wird der Wein
in den Ansatz gerührt.

✳

Die Kaltschale wird auf tiefe Teller verteilt und mit nicht zu
klein gebrochenen Zwiebackstücken bestreut.

✳

Sollte die Kaltschale nicht süß genug sein, wird nach Belieben
noch etwas nachgezuckert.

HIMBEER-CREME
VON FRISCHEN FRÜCHTEN

500 g frische Himbeeren
$^1/_2$ l Schlagsahne
100 g Puderzucker
10 Blatt Gelatine
$^1/_2$ Tasse halbtrockener Weißwein
etwas abgeriebene Zitronenschale

*

Die Himbeeren werden mit dem Pürierstab fein püriert und
anschließend durch ein Haarsieb gestrichen.

*

Schlagsahne wird mit dem Zucker und der abgeriebenen
Zitronenschale steif geschlagen.

*

Die eingeweichte Gelatine wird mit dem Weißwein zum Kochen
gebracht, bis sie restlos aufgelöst ist. Auf Zimmertemperatur
abgekühlt wird die gelöste Gelatine zum Himbeerpüree gegeben und gut verrührt.

*

Nun wird die steifgeschlagene Sahne vorsichtig untergehoben,
bis alles gut vermischt ist.

*

In eine mit kaltem Wasser ausgespülte Form wird die Creme
recht kalt gestellt.

*

Schon nach etwa einer Stunde läßt sie sich stürzen.

*

Mit einem Tupfer Sahne und einigen übriggelassenen Himbeeren garniert, ist die Creme ein leckeres Dessert.

Goethe und seine Köchinnen

E in solcher Haushalt, wie er von Christiane Vulpius und Johann Wolfgang Goethe in Weimar am Frauenplan geführt wurde, kam selbstverständlich nicht ohne Personal aus. Eine zentrale Rolle spielten dabei immer die Köchinnen, Dorthe Wagenknecht (1775-1789), Charlotte Hoyer (1809-1811), Christiane Höpfner (1805-1816). Im Jahre 1831 wurde gar mit dem jungen Straube ein Koch eingestellt. Christiane Kluge, als „Goetzin" bezeichnet, gehörte seit 1777 zum Personal des Goethehauses. 1795 zog sie mit ihrem Sohn nach Jena. Dort übernahm sie, wenn Goethe dort weilte, die Aufgabe, für ihn zu kochen. Goethe war nicht immer ganz begeistert von ihren Kochkünsten, denn am 8. Januar 1796 schrieb er in einem Brief an Christiane:

„Alle Morgen gehe ich spazieren und die Abende war ich bei Schillern. Nun bin ich auf drei Abende in die Stadt geladen, und damit geht die Zeit so hin (,,,) Die Götzen kocht nicht übel, nur, weil sie im Ofen kocht, sind die Sachen wohl einmal rauchigt. Vor einigen Tagen hatte ich Gäste, die mir meinen Keller ziemlich aufräumten. Dagegen hatte Herr von Milkau mir wieder Englisch Bier zukommen lassen. Lebe recht wohl. Der Preßkopf und das Leberwürstchen dauert noch. Vom Wein schicke mir etwas Wertheimer, aber kein Bier. Lebe wohl, grüße Gusteln und behalte mich lieb."

Von der Köchin Christiane Höpfner, genannt die Höpfnerin, zeigte sich Goethe hingegen begeistert.

„Zuerst aber muß zum Lobe der Höpfnerin gesagt werden, daß sie, obwohl Du nicht da bist, ihre Sache vortrefflich macht, gute Ware ankauft und sie mit Sorgfalt zubereitet, so daß wir es uns jeden Mittag können wohl schmecken lassen. Am Grünen Donnerstag hatten wir Kohlsprossen bestellt und Honig zum Nachtisch, um dieses Fest recht würdig zu feiern. August hatte selbst Eier roth und hart gesotten. Da die Fastenbrezeln alle sind, so bäckt die Köchin allerlei *Torten* und *Kuchen*. Ein Truthahn ist abgeschlachtet und andere gute Dinge sind im Vorrath." (Goethe an Christiane 30.3.1807)

Rahmstrudel

Für den Strudelteig benötigt man:

300 g Weizenmehl
35 g Sonnenblumenöl
3 g Salz
140 g warmes Wasser
30 g Butter

Für die Füllung benötigt man:

40 g Butter
2 Eigelb
$^{1}/_{8}$ l dicker Rahm
2 Eiklar
50 g Zucker
2 gehäufte Eßlöffel Korinthen
2 Eßlöffel Rosinen
1 Eßlöffel Mandelstifte
Prise Salz
Puderzucker zum Bestreuen

*

Für den Teig werden zuerst Mehl, Öl und Salz vermischt. Nun gibt man portionsweise das lauwarme Wasser zu. Sind alle Zutaten leicht gebunden wird der Strudelteig durch Reiben und intensives Kneten durchgearbeitet. Der Teig darf weder an den Händen noch an der Unterlage kleben und sollte sich eher trocken anfühlen.

*

Nun sollte der Teig etwa 1 Stunde ruhen. Dazu wird er mit Folie abgedeckt und an einen warmen Ort gestellt. Der Teig wird hauchdünn auf einem Küchentuch ausgezogen. Mit der geschmolzenen Butter wird er bestrichen.

Die Butter für die Füllung wird schaumig gerührt, Eigelbe und Rahm zugegeben und mit Zucker und einer Prise Salz abgeschmeckt. Danach werden die Eiklar zu Schnee geschlagen und untergehoben. Mit dieser Masse wird der ausgezogene Strudelteig bestrichen. Obenauf werden Korinthen, Mandelstifte und Rosinen gleichmäßig verteilt.

*

Jetzt wird der Teig locker zusammengerollt, schneckenförmig zusammengedreht und in eine gefettete Backform gelegt. Im vorgeheizten Ofen wird der Strudel bei ca. 200° C 25 - 30 Minuten gebacken.

*

Dazu kann man obenauf noch etwas von der Rahmmasse aufstreichen.

*

Beim Anrichten bestreut man den Strudel mit Puderzucker.

GUTE MAKRONEN

250 g geschälte, süße Mandeln
300 g Zucker
3 Eiklar
40 g Zitronat
1 Teelöffel Rosenwasser
Oblaten

❋

Die geschälten, süßen Mandeln werden mit dem Allesschneider sehr fein gehackt. Nun gibt man ein Eiklar sowie
250 g Zucker dazu und rührt alles zusammen schaumig, so
daß eine schöne glatte Masse entsteht.

❋

Nun wird der steifgeschlagene Schnee von den beiden restlichen Eiklar mit einem Holzlöffel untergehoben. Zum Schluß
gibt man das sehr fein gewiegte Zitronat und das Rosenwasser
zu. Von dieser Masse werden kleine Häufchen auf Oblaten
gesetzt, die man mit dem restlichen Zucker bestreut.

❋

Die Makronen werden auf dem Backblech im auf 150° C
vorgeheizten Backofen geschoben. Man schaltet sofort auf
80° C herunter und trocknet die Makronen etwa 2 Stunden.
Sie sollten nur sehr wenig Farbe nehmen.

❋

Im verschlossenen Steinguttopf bleiben die Makronen über
mehrere Wochen bei guter Qualität erhalten.

Am 6.11.1812 schrieb Goethe an Christiane aus Jena:

„Ich bin sehr zufrieden mit Heinricken und der Höpfnerin; ja, der Ernst, womit wir meine kleine Haushaltung hier betreiben, ist eine Lust und Spaß. Um nicht aus dem Gleise zu kommen, habe ich einen Karpen von Winzerle kommen lassen und die polnische Sauce gleich aus der Tasche bezahlt." Natürlich lief mit dem Personal und den Köchinnen nicht immer alles reibungslos. Und wenn von Goethe nur der Streit um ein Suppenhuhn geschlichtet werden mußte.

„Heute früh gab es große Händel über ein Feldhuhn, welches Heinrich, ohne anzufragen, vom Rentbeamten für 5 Groschen angenommen hatte. Diesen Prozeß schlichtete ich salomonisch dadurch, daß ich bezahlte und ich mir dieses Huhn außerordentlich zum Frühstück vorbehielt. Ferner hat die Höpfnerin mir den morgendlichen *Weinschaum* für heute abdisputiert und mir dafür ein ganz vortreffliches Zwischenessen bereitet. Genug, es ist an dem ganzen Zustand nichts auszusetzen." (Goethe, 10.11.1812)

Das Leben mit den Köchinnen führte aber auch zu amüsanten Begebenheiten. Eine davon ereignete sich mit Henriette Hunger. Dabei ging es nicht um des Pudels Kern, sondern Goethe war der Betroffene und in wahrsten Sinne ein begossener Pudel.

Hierüber berichtet die Köchin Henriette Hunger, die bei Frommanns in Jena tätig war, in einem Brief.

„Alle Morgen 11 Uhr fuhr Göthe vor und machte Seinen Morgenbesuch. Wobei ich auch das Unglück hatte, Göthe mit einer Butte Wasser zu überschitten. Göthe wollte mich die Thür halten aus Bescheidenheit, und ich ebenfalls, ich versah das tembo und kam ins Fallen und Göthe wolte mich halten, und bekommt die Waßerbutte auf den Halz. Ich, zum Tode erschrocken, Madam und Fräulein Frommann kamen mit Tüchern und trockneten ihn ab und lachten. Göthe fuhr nach Haus, um sich umzukleiden. Deshalb gab es keine Feindschafd. Den andern Morgen war Göthe wieder da und lachte.

Göthe war nachdem in den bottanhnischen Garten gezogen, wollte aber nicht lange mehr in Jena bleiben, weil Ihn das Essen aus den Speisehäusern nicht schmeckte. Frommanns wolten Göthe jerne für sich und Jena erhalten. Der Grund war das Eßen. Wie das anfangen? Die Madam Frommann, eine sehr kluge Dame, sann hin und hehr. Endlich kam sie auf ihre Köchin, das

WEINSCHAUM IM TIEFEN
TELLER SERVIERT

$^1/_2$ l halbtrockener Riesling oder Riesling-Sekt
$^1/_2$ Teelöffel feines Weizenmehl
2 ganze Eier und 2 Eigelb
200 g Zucker
Saft von 1$^1/_2$ Zitronen
abgeriebene Schale von einer überbrühten Zitrone
nach Belieben Bisquitgebäck

*

In einem Schlagkessel oder in einer nicht zu kleinen Schüssel
aus Metall wird zunächst mit etwas Wein das Mehl verrührt.
Nun gibt man die Eier und die Eigelbe dazu sowie den Wein
(oder Sekt), den Zucker und den Zitronensaft.

*

Im sehr heißen Wasserbad schlägt man mittels Schneebesen
den Weinschaum auf, bis sich am Schüsselrand Blasen bilden.
Jetzt gibt man die sehr fein geriebene Zitronenschale zu und
schlägt noch einige Minuten außerhalb des Wasserbades
weiter, damit der Schaum nicht zusammenfällt.

*

Der Weinschaum wird in tiefen Tellern angerichtet und alsbald
zu Tisch gebracht. Dazu reicht man ein leichtes Bisquitgebäck.

*

Dieses Gericht wurde einst sowohl als Suppe als auch als
süßer Nachtisch gereicht.

*

Wollte man einen besonders edlen Charakter erzielen, wurde
der Wein oder der Sekt mit Champagner ausgetauscht.

war ich. Sie ließ mich in ihr Zimmer kommen und sagte, ich habe ein großes Anliegen an Dich, was Göhte betrifft und Du die Hauptperson bist. Willst Du für Göhte den Mittagtisch übernehmen? Meine Speisekammer steht Dir ofen, thue es, ich werde Dirs nimahls vergessen. Nach langen Zureden gab ich mein Wort. Dann an Göhte geschrieben, das ihre Köchin für ihn den Mittags-Tisch übernehmen wollte. - Mit Freuden nehm ich dis an, war die Rückantwort. - So kochte ich ein halbes Jahr für den großen Mann zu danke. Göhte benahm sich gegen mich nicht, als wäre ich Köchin, sondern als wäre ich mehr. Wenn ich mit meinem Zettel kam, lag schon was Schönes da, anzusehn für mich. Kurz ich kam mich vor, als gehörte ich der gelehrten Welt mit an. Gelegenheit hatte ich ja genug, große Männer zu sehn: ich sagte oft, das Frommannsche Haus ist der Sitz der gelehrten Wißenschaft. Nachdem verheurathete ich mich aber und konnte den Tisch für Göhte nicht mehr besorgen. Weil die gefüllte Speise-Kammer nicht mitging."

Das Verhältnis von Goethe zur Köchin Charlotte Hoyer muß doch als recht betrübt angesehen werden.

Dieses wird in dem Zeugnis deutlich, das Goethe ihr nach Lösung des Dienstverhältnisses ausstellte,

„Sie hat zwey Jahre, 1809/11, in meinem Haus gedient. Für eine Köchinn kann sie gelten, und ist zuzeiten folgsam, höflich, sogar einschmeichelnd. Allein durch die Ungleichheit ihres Betragens hat sie sich zuletzt ganz unerträglich gemacht. Gewöhnlich beliebt es ihr, nach eigenem Willen zu handeln und zu kochen; sie zeigt sich widerspenstig, zudringlich, grob und sucht diejenigen, die ihr zu befehlen haben, auf alle Weise zu ermüden. Unruhig und tückisch vehetzt sie ihre Mitdienenden und macht ihnen, wenn sie nicht mit ihr halten, das Leben sauer. Außer andern verwandten Untugenden hat sie noch die, daß sie an den Türen horcht."

Goethe - Biographie in Stichworten

1749 Johann Wolfgang am 28. August in Frankfurt geboren
      Vater: Johann Caspar Goethe (1710-1782)
      Mutter: Katharina Elisabeth Textor (1731-1808)
      Kindheit und Jugend in Frankfurt mit der Schwester
      Cornelia (1750-1777)
1759 Besetzung Frankfurts durch die Franzosen, Einquartie-
      rung des französischen Offiziers Thoranc in Goethes
      Elternhaus
1765 im Oktober Aufnahme des Jurastudiums in Leipzig, ein-
      geschrieben bis 1768
      Bekanntschaft mit Gottsched und Gellert
      Zeichenunterricht
      Liebe zu Käthchen Schönkopf
      Gedichte
1768/69 schwere Erkrankung, Rückkehr nach Frankfurt, Er-
      holung
1770 Fortsetzung des Studiums in Straßburg
      Bekanntschaft mit Friederike Brion in Sesenheim
      erste Begegnung mit Herder
1771 Abschluß des Studiums mit der Promotion
      Rede zum „Shakespeare-Tag"
1771/72 Tätigkeit als Anwalt in Frankfurt
1772 Mai bis September Tätigkeit am Reichskammergericht in
      Wetzlar
      Bekannschaft mit Charlotte Buff
      Götz von Berlichingen
1773/74 zahlreiche literarische Produkte:
      Urfaust, Werther, Clavigo
      Reise nach Düsseldorf
1774 Aufenthalt des Prinzen Karl August aus Weimar in Frank-
      furt
1775 Verlobung mit Lili Schönemann (im Herbst Entlobung)
      Mai - Juli erste Schweizreise
      November auf Einladung des Herzogs Karl August Über-
      siedlung nach Weimar
      Genietreiben
      Bekanntschaft mit Charlotte von Stein (1742-1827)

1776 Geheimer Legationsrat in Weimar
     Wohnung im Gartenhaus an der Ilm
     erste naturwissenschaftliche Studien
     Übernahme zahlreicher Verwaltungsaufgaben
     Freundschaft mit Herzog Karl August, Herder, Wieland,
     Knebel
1777 November / Dezember Harzreise
1778 Mai Besuch in Berlin
1779 Kriegskommissär
     Direktor des Wegebaus
     Geheimer Rat
     Reisetätigkeit im Herzogtum
1779/80 Zweite Schweizer Reise mit Herzog Karl August
     Ernennung zum Geheimen Rat
1782 Adelstitel
     Übernahme der obersten Finanzbehörde
     Wohnung: Haus am Frauenplan
1783 Zweite Harzreise
1784 Dritte Harzreise
     Anatomische Studien
     Entdeckung des Zwischenkieferknochens
1785 Aufenthalt in Karlsbad
     Botanische Studien
1786 Italienreise
     Iphigenie auf Tauris (Versfassung)
1787 Aufenthalt in Rom, Neapel
     Sizilien
     Egmont
1788 Rückkehr aus Italien
     Begegnung mit Christiane Vulpius (1765-1816)
     gemeinsame Wohnung am Frauenplan
     Bruch mit Charlotte von Stein
     Aufgabe der Regierungsgeschäfte
     Römische Elegien
     Begegnung mit F. Schiller in Rudolstadt
1789 Geburt des Sohnes August
     Torquato Tasso
1790 März bis Juni Italienreise (Venedig)
     Naturwissenschaftliche Studien: Anatomie, Optik,
     Botanik

Metamorphose der Pflanzen
Reise nach Schlesien und Polen
1791 bis 1817 Leiter des Weimarer Hoftheaters
1792 Feldzug in Frankreich
August bis November Campagne
1793/94 *Reineke Fuchs*
1794 Freundschaft mit Schiller
Wilhelm Meister
1795 *Unterhaltungen deutscher Ausgewanderten*
1797 Dritte Schweizer Reise
Balladen
Hermann und Dorothea
1798 Herausgabe der Zeitschrift „Die Propyläen"
Kauf eines Landgutes bei Weimar
1803 Besuche im Hause Frommann in Jena
Tod Herders
1805 Tod Schillers
1806 Besetzung Weimars durch die Franzosen
Vollendung: *Faust I*
19.10. Heirat mit Christiane Vulpius
1808 Begegnung mit Napoleon in Weimar
Tod der Mutter in Frankfurt
1809 *Wahlverwandtschaften*
1810 *Farbenlehre*
1812 Begegnung mit Beethoven
Dichtung und Wahrheit
1814 Reise ins Rheinland
Bekanntschaft mit Marianne von Willemer
1815 Reise ins Rheinland
Staatsminister
1816 Tod von Christiane
1817 Goethes Sohn August heiratet Ottilie von Pogwisch
1818 bis 1820
Sommeraufenthalte in Karlsbad
1819 *Westöstlicher Divan*
1821 bis 1823 Aufenthalte in Marienbad
Bekanntschaft mit Ulrike von Levetzov
1827 Tod von Charlotte von Stein
1830 Tod des Sohnes August in Rom
Abschluß *Faust 2*

1831 Vollendung
Dichtung und Wahrheit
1832 22. März Tod
26. März Beisetzung in der Weimarer Fürstengruft

„Daß aber der Wein von Ewigkeit sei
Daran zweifl ich nicht;
Oder daß er von den Engeln geschaffen sei
Ist vielleicht auch kein Gedicht.

Der Trinkende, wie es auch immer sei,
Blickt Gott frischer ins Angesicht."

Literatur

Ahrendt, Dorothee, Gertraud Aepfler: Goethes Gärten in Weimar (Hrsg. von der Stiftung Weimarer Klassik) Leipzig (1994).

Bockholt, Werner, Elisabeth Schulte Huxel: Was Sie schon immer über Johann Wolfgang von Goethe wissen wollten, bisher aber nicht zu glauben wagten, (Warendorf 1995).

Bode, Wilhelm: Goethes Leben 1774-1776 Die Geniezeit, Berlin 1922.

Bode, Wilhelm: Goethes Leben 1776-1780 Am Bau der Pyramide seines Daseins, Berlin 1925.

Bode, Wilhelm: Goethes Leben 1781-1786 Pegasus im Joche, Berlin 1925.

Bode, Wilhelm: Goethes Leben im Garten am Stern, Berlin 1909.

Bode, W[ilhelm]: Goethes Liebesleben, Berlin 1914.

Boerner, Peter: Johann Wolfgang von Goethe mit Selbstzeugnissen und Bilddokumenten, dargestellt von Peter Boerner, (Hamburg 1993).

Conrady, Karl Otto: Goethe. Leben und Werk, (Frankfurt 1987).

Friedenthal, Richard: Goethe. Sein Leben und seine Zeit, (München 1963).

Goethe, Johann Wolfgang von: Goethes Werke, hrsg. im Auftr. d. Großherzogin Sophie von Sachsen, Weimarer Ausg., Nachdr. d. Ausg. Weimar 1887-1919, München 1987.

Goethe, Johann Wolfgang: Tagebuch der Italienischen Reise 1786. Notizen und Briefe aus Italien. Mit Skizzen und Zeichnungen des Autors, hrsg. und erläutert von Christoph Michel, (Frankfurt 1976).

Goethes Briefe an Charlotte von Stein, hrsg. von Hans Heinrich Borcherdt, 2 Bde, Berlin (o. J.).

Goethes Briefe an Charlotte von Stein, hrsg. von Jonas Fränkel (Frankfurt 1988).

Goethe in vertraulichen Briefen seiner Zeitgenossen, zusammengestellt von Wilhelm Bode, I 1749-1793, II 1794-1816, III 1817-1832, Berlin und Weimar 1982.

Goethe im Gespräch, Auswahl und Nachwort von Eduard Korrodi, Zürich (1944).

Goethes Briefe an Charlotte von Stein, (Herausgegeben von Hans Heinrich Borchert), zwei Bände, Berlin (o. J.).

Goethes Ehe in Briefen. Der Briefwechsel zwischen Goethe und Christiane Vulpius 1792-1816. Herausgegeben von Hans Gerhard Gräf. Mit zeitgenössischen Abbildungen, (Frankfurt 1994).

Mit Goethe durch das Jahr. Ein Kalender für das Jahr 1980, (Auswahl, Anmerkungen und Quellenverzeichnis von Effi Biedrzynski), Zürich u. München (1979).

Günther, Gitta, Wolfgang Schneider, Jürgen Seifert u.a.: Goethe in Weimar. Ein Kapitel deutscher Kulturgeschichte, hrsg. von Karl H. Hahn, Leipzig 2. Aufl. 1991.

Heinemann, Karl: Goethes Mutter. Ein Lebensbild nach den Quellen, Leipzig 4. Aufl. 1893.

Höffner, Johannes: Frau Rat Elisabeth Goethe, geb. Textor, Bielefeld Leipzig 4. Aufl. 1926 (Frauenleben XII).

Hohenstein, Friedrich August: Weimar und Goethe. Ereignisse und Erlebnisse, Berlin (1931).

Kleßmann, Eckart: Goethe aus der Nähe. Berichte von Zeitgenossen, Darmstadt (2. Aufl. 1995).

Lindheimerin, Anna Margaretha Justina: Das Kochbuch von Goethes Großmutter, hrsg. von Manfred Lemmer, Kommentar und Transkription von Eva Beck, (Frankfurt / M. 1980).

Schaefer, J. W.: Goethe's Leben, Leipzig 3. Aufl. 1877.

Schmölders, Claudia: Mit Goethe durch den Garten. Ein Abc für Gartenfreunde (Frankfurt 1989).

Seidel, Siegfried: Wolfgang und Christiane. Goethes Ehe in den neunziger Jahren. Eine Briefauswahl von Siegfried Seidel mit Zeichnungen von Christian Butter, Weimar (2. Aufl. 1990).

Auf den Spuren des jungen Goethe. Bilder aus dem alten Frankfurt. Hrsg. im Auftrag eines alten Frankfurters von Otto Ernst Sutter, Frankfurt 1932.

Stadtlaender, Chris: „Die kleine Welt" am Frauenplan. Der Alltag Goethes mit Christiane Vulpius, Nachwort: Robert Steiger, (Zürich 1987).

Victor, Walther: Die geöffnete Tür. Goethe-Anekdoten, gesammelt und nacherzählt von Walther Victor, (Weimar 1982).

„Der Wein, er erhöht uns, er macht
uns zum Herrn, und löset die sklavischen Zungen."

173

Rezeptregister

⅗ SCHNELL

„Da hab' ich mich ja
umsonst besoffen …"

Goethe und der Wein

Format 10 x 23,5 cm, 132 S.,
ISBN 978-3-87716-827-2, 13,40 €

Was Sie schon immer über Johann Wolfgang von GOETHE wissen wollten, bisher aber nicht zu glauben wagten

Bockholt
Schulte-Huxel

Format 13,5 x 22,5 cm, 144 S., Kt. - ISBN 978-3-87716-881-3
9,90 €